Mosaik bei
GOLDMANN

Buch

Darf man am Wahlsonntag zu Hause bleiben? Was macht man mit Geschenken, die einem nicht gefallen? Täglich steht jeder vor kleinen und größeren Gewissensfragen – und weiß nicht, wie er sich »moralisch korrekt« verhalten sollte. Manche Fragen belasten auch nachhaltig: War es richtig, was ich gemacht habe?

In seiner erfolgreichen Kolumne »Gewissensfrage« beantwortet Dr. Dr. Rainer Erlinger im »Süddeutsche Zeitung Magazin« wöchentlich die Gewissensfragen der Leser. Dabei widmet er sich den Fragen mit Scharfsinn, Witz und intellektueller Verve und greift für seine immer wieder überraschenden Lösungen auf den Kanon der Moralphilosophie ebenso zurück wie auf Quellen aus Literatur und Zeitgeschichte.

Die besten und interessantesten Kolumnen wurden in diesem Buch versammelt und machen es zu einem geistreichen und unterhaltsamen Leitfaden der Alltagsmoral.

Autor

Rainer Erlinger, Jahrgang 1965, ist promovierter Mediziner und Jurist. Nach Tätigkeiten als wissenschaftlicher Mitarbeiter und Arzt arbeitet er jetzt als Rechtsanwalt und Publizist vor allem auf den Gebieten des Medizinrechts und der Ethik. Im »Süddeutsche Zeitung Magazin« beantwortet Rainer Erlinger jede Woche Gewissensfragen der Leser.

Rainer Erlinger

Gewissensfragen

Streitfälle der Alltagsmoral

Mosaik bei
GOLDMANN

FSC
Mix
Produktgruppe aus vorbildlich
bewirtschafteten Wäldern und
anderen kontrollierten Herkünften

Zert.-Nr. SGS-COC-1940
www.fsc.org
© 1996 Forest Stewardship Council

Verlagsgruppe Random House FSC-DEU-0100
Das für dieses Buch verwendete FSC-zertifizierte Papier *Munken Print*
liefert Arctic Paper Munkedals AB, Schweden.

1. Auflage
Vollständige Taschenbuchausgabe Juli 2007
Wilhelm Goldmann Verlag, München,
in der Verlagsgruppe Random House GmbH

Die Hardcoverausgabe dieses Buches ist 2005 erschienen
im Verlag Süddeutsche Zeitung GmbH, München.
Umschlaggestaltung: Design Team München
Satz: Uhl + Massopust GmbH, Aalen
Druck und Bindung: GGP Media GmbH, Pößneck
WR · Herstellung: Han
Printed in Germany
ISBN 978-3-442-16966-5

www.mosaik-goldmann.de

Inhalt

DER LESER INTERVIEWT RAINER ERLINGER

Für den Schreibenden gibt es kein geheimnisvolleres Wesen als – den Leser. Alles geschieht für ihn; der Autor und der gesamte Apparat einer Zeitung leben von seinem kurzen Blick auf die Werbeanzeigen und – hoffentlich – auch auf den Text. Und trotzdem kennt niemand den Leser wirklich; nur selten kommt er zu Wort. Im »Süddeutsche Zeitung Magazin« ist es die »Gewissensfrage«, die ihm Gelegenheit gibt, mit einem Anliegen ins Heft zu gelangen. Seit Februar 2002 beantwortet Rainer Erlinger in seiner wöchentlichen Kolumne Leserzuschriften zu moralischen Alltagsproblemen. Deshalb soll der Leser in dieser Sammlung von »Gewissensfragen« nun das erste Wort erhalten und dem Autor endlich all die Fragen stellen, die bei Lektüre der Rubrik immer wieder auftauchen, für deren Beantwortung im »SZ-Magazin« jedoch kein Platz ist.

Im folgenden daher ein Gespräch des Lesers mit Rainer Erlinger. Man kennt ja Interviews aus dem Fernsehen, bei denen der Befragte unerkannt bleiben will. Das Gesicht ist verfremdet, die Stimme künstlich verzerrt. Hier ist es genau umgekehrt: Der Fragesteller ist unscharf, denn es ist der Leser – das unbekannte Wesen.

Der Leser: Guten Tag.
Rainer Erlinger: Guten Tag.
Herr Erlinger, was mich am meisten interessiert: Die Fragen in Ihrer Kolumne sind doch erfunden?

Komisch, Sie sagen genau das, was ich sehr häufig als Erstes höre, wenn jemand erfährt, dass ich die Gewissensfragen im *SZ-Magazin* beantworte. Die Antwort auf diese Frage ist einfach: Nein! Die Leserfragen sind echt. Alle. Ausnahmslos.

Und das soll ich Ihnen jetzt glauben?

Nun ja, für die allerersten beiden »Gewissensfragen«, die im Heft erschienen sind, mussten wir natürlich im Umkreis der Redaktion herumhorchen, um entsprechende Fragen zu erhalten.

Also doch!

Aber bereits nach der ersten Kolumne kamen so viele Zuschriften, dass wir das nicht mehr nötig hatten. Außerdem kann ich es beweisen, ich kann für jede veröffentlichte Frage die entsprechende E-Mail oder den entsprechenden Brief vorweisen. Bitte, sehen Sie hier.

Hmmm. ***(blättert einen Ordner durch)***

Und außerdem: Es wäre nahezu unmöglich, sich so interessante Fragen auszudenken wie jene, die die Leser einsenden. Die meisten der veröffentlichten Probleme wären mir jedenfalls beim besten Willen nicht eingefallen. Auf die Idee, eigene Kerzen in eine Kirche mitzubringen oder mein Surfbrett zu entsorgen, indem ich es am Strand klauen lasse, käme ich einfach nicht. Und ich war auch noch nie im Sudan und habe dort einen verurteilten Mörder für achthundert Dollar aus dem Gefängnis freigekauft.

Gut, das überzeugt, und Sie sehen ja eigentlich ganz ehrlich aus.

Danke!

Aber die ganzen Fragen, die ich Ihnen in diesem Gespräch stelle, erfinden Sie?

Auch nicht richtig. Zum Teil gehen Ihre Fragen auf Leserzuschriften zurück, denen ich dasselbe geantwortet habe wie jetzt Ihnen – Sie können es in dem anderen Ordner hier nachlesen. Zum Teil sind es Fragen, die mir in den vergangenen dreieinhalb Jahren in Interviews gestellt wurden. Und nur zum kleinsten Teil sind es Fragen, die zu Antworten führen, welche ich immer schon geben wollte, um die mich bisher aber niemand gebeten hat. In meiner wöchentlichen Kolumne kann ich diese Dinge nicht loswerden, denn dort erscheinen wie gesagt nur echte Fragen. Übrigens stets in der Form und im Wortlaut, wie sie bei mir ankommen. Manchmal muss ich ein wenig kürzen, dabei achte ich aber darauf, den Sinn der Frage und damit den Inhalt der Antwort nicht zu beeinflussen.

Erhalten Sie denn viele Zuschriften?

Zwischen fünfzig und hundert pro Monat.

Und was ist mit den vielen Fragen, die nicht veröffentlicht werden?

Die können wir leider nicht beantworten, der Aufwand wäre zu groß. Meist handelt es sich ja um ein Problem, über das der Einsender selbst schon länger nachdenkt; es wäre ihm also nicht damit gedient, würde ich eine Antwort aus dem Ärmel schütteln. Um mich jedoch den unveröffentlichten Fragen genauso intensiv zu widmen wie den veröffentlichten, fehlt mir einfach die Zeit. Oft recherchiere ich, um zur Antwort zu gelangen, frage Experten oder Behörden. Und in jedem Fall denke ich lange nach. Schließlich bin ich auch nicht klüger als andere – ich denke nur länger nach.

Woher nehmen Sie eigentlich das Recht, anderen zu sagen, was sie tun sollen?

Da kann ich jetzt formal argumentieren und sagen: aus der Frage. Bei *Pippi Langstrumpf* habe ich den Satz gelesen: »Na ja, eine höfliche Frage verlangt eine höfliche Antwort.« Wenn mir jemand eine Frage schickt, dann gibt er mir das Recht, darauf zu antworten.

Das ist aber wirklich sehr formal. Ich meinte eigentlich mehr: Woher nehmen speziell Sie das Recht?

Da könnte ich wieder ebenso antworten, denn die Briefe sind ja an mich gerichtet, aber es gibt einen anderen, wesentlich überzeugenderen Grund.

Und der wäre?

Ich weiß nicht, ob Ihnen schon aufgefallen ist, dass ich jede Antwort begründe; wo ich es ausnahmsweise einmal nicht tue, kennzeichne ich das als meine persönliche Meinung.

Eigentlich noch nicht.

Dachte ich mir doch, so ist halt der Leser. Ich bin der Meinung, dass jede Antwort ihre Legitimation aus sich selbst heraus beziehen muss. Ich habe ja sonst keine Autorität außer der sachlichen. Die Antworten, jede einzelne Antwort muss nachvollziehbar und sauber begründet sein. Wenn die Leser…

Also ich.

Ja, genau, wenn Sie nun meine Antwort lesen und sich denken, was ist denn das für ein abgehobener Unsinn, davon verstehe ich kein Wort, dann ist die Autorität der Kolumne am Ende. Sie, der Leser, haben also das Letztentscheidungsrecht.

Aha, Sie möchten also, dass alle stets derselben Meinung sind wie Sie!

Oh nein, ich freue mich sogar über Widerspruch. Ein Zweck der Kolumne besteht darin, zu Diskussionen anzuregen.

Haben Sie denn keine Ausbildung, die Sie zu Ihrer Tätigkeit als Moralkolumnist berechtigt oder wenigstens befähigt?

Ja und nein. Ich wüsste keine Ausbildung, die einen dazu berechtigt, anderen zu sagen, was sie richtig und was falsch machen. Und befähigt: Ich bin weder Theologe noch Philosoph, falls Sie das meinen, sondern Mediziner und Jurist.

Und das befähigt zu moralischen Ratschlägen?

Wie gesagt, die Antwort muss meines Erachtens aus sich selbst heraus bestehen können. Aber unabhängig davon sind sowohl der des Mediziners als auch des Juristen Berufe, die man nicht ohne einen ethischen Rahmen betreiben kann. Oder sagen wir mal: sollte. Und gerade der Schnittpunkt aus den beiden, das Medizinrecht mit seinen Fragestellungen um Lebensbeginn, Lebensende und so weiter, ist so sehr von der Ethik geprägt, dass er eine intensive Beschäftigung mit diesem Thema unumgänglich macht.

Aber wie sind Sie dann als Mediziner und Jurist zum Moralkolumnisten geworden?

Ich hatte schon längere Zeit für das Feuilleton der *Süddeutschen Zeitung* geschrieben, eben auch zu ethischen und philosophischen Themen. Als dann die beiden Chefredakteure des *SZ-Magazins*, Dominik Wichmann und Jan Weiler, Anfang 2002 eine neue Kolumne namens »Gewissensfrage« konzipierten, sind sie an mich herangetreten. So ist das entstanden.

Bei manchen Fragen denke ich mir: Die Sorgen dieser Leute möchte ich haben! Es geht oft um Banalitäten, dabei gäbe es doch genug wirkliche moralische Probleme hier bei uns und sonstwo auf der Welt. Aber nein, Sie schreiben darüber, ob man im Hotel Stullen für unterwegs schmieren darf oder ob es vertretbar ist, ein wenig zu schwindeln, um einen Spaziergang abzusagen.

Das liegt am Konzept der Kolumne. Sie finden, fast möchte ich sagen jeden Tag, in den großen Zeitungen und Magazinen hochintelligente Betrachtungen und Diskussionen über die von Ihnen angesprochenen moralischen Großprobleme. Es ist wichtig, dass es diese Debatten gibt und es soll sich keiner raushalten, nach dem Motto: »Das geht mich nichts an, dazu habe ich eh nichts zu sagen.« Aber daneben stehen wir eben im Alltag vor den kleinen moralischen Fragen – und es wäre ebenso falsch zu sagen, solange es Ungerechtigkeiten wie verhungernde Kinder auf der Welt gibt, braucht man sich nicht den Kopf darüber zerbrechen, ob man bei Rot über eine Ampel gehen darf. Jeder ist verantwortlich für das, was er tut. Die wenigsten von uns werden je vor dem Problem stehen, einen Menschen klonen zu wollen. Wer von uns plant, eine Fabrik zu schließen, wer zögert, ob er morgen bei Sonnenaufgang den Befehl zum Angriff auf einen ölreichen Schurkenstaat geben soll? Das sind Fragen, die wir politisch über Wahlen oder sonstiges Engagement beeinflussen können. Aber es entbindet niemanden davon, darüber nachzudenken, ob er einen Arbeitskollegen anlügen darf.

Haben denn Ihre Leser nie ernsthafte Probleme?

Doch natürlich, die kommen aber auch im Heft vor. Ich habe schon Fragen beantwortet wie die, ob man zur Organspende verpflichtet sein kann, ob ein adoptiertes Kind ein Recht darauf hat, das auch zu erfahren, oder wie man mit einem alzheimerkranken Großvater umgehen soll. Es ist natürlich nicht leicht, solch komplexen Lebenssituationen in wenigen Zeilen gerecht zu werden. Aber soweit es geht, versuche ich das.

Halten Sie sich eigentlich selbst an Ihre Maßstäbe? Anders gefragt: Lebt man als Moralkolumnist besonders moralisch?

Natürlich probiere ich es. Und die intensive Beschäftigung mit diesem Thema, also gerade mit der Alltagsmoral, hat mich schon verändert, glaube ich.

Sind Sie moralischer geworden?

Das vielleicht nicht, aber wenn man über eine Frage einen Tag lang nachgedacht hat, entwickelt man eine höhere Sensibilität für das Thema. Falls ich dann einmal selbst in die Situation komme, muss ich nicht mehr lange überlegen.

Dann handeln Sie also immer richtig?

Bestimmt nicht, ich bin ja kein Heiliger.

Sehen Sie dann kein Problem: Wasser predigen und Wein trinken?

Natürlich ist das ein Problem. Das, was ich dazu sagen möchte, ist aber auch gefährlich, weil es dann heißt, jetzt dreht er durch, der Erlinger. Aber vom Inhalt her stimmt es: Sogar der Papst hat einen Beichtvater. Ich will mich wirklich nicht mit dem Papst vergleichen, und mir ist auch nicht die Schlagzeile »Wir sind Papst« zu Kopf gestiegen. Ich will nur sagen, wenn sogar jemand wie der Papst zu beichten hat, also sündigt, wäre es umgekehrt vermessen zu behaupten, ich mache alles richtig.

Ganz konkret: Sie kommen spätnachts zu Fuß an eine rote Ampel. Was tun Sie?

Ich hoffe, dass mich niemand sieht.

Ah ja!

Das Problem ist schwieriger als Sie jetzt vielleicht denken. Wenn ich losgehe, sagt einer, der mich beobachtet: »Siehst du, er schreibt, man soll es nicht tun und tut es dann selber.« Und wenn ich stehen bleibe und warte, sagt er: »Der spinnt, er stellt sich doch nur aus Prinzipientreue hin.«

Ja, was soll man denn nun in so einem Fall tun?

Schauen Sie einfach auf Seite 201 nach.

Finde ich in diesem Buch eigentlich sämtliche bisher erschienenen »Gewissensfragen«?

Nein, leider nicht. Es gibt schon zu viele, wir konnten leider nicht alle unterbringen und mussten eine Auswahl treffen. Aber das bedeutet nicht, dass die anderen Texte niemals mehr zu lesen sein werden. Die Kolumne im *SZ-Magazin* geht weiter und vielleicht dann auch dieses Buch. Über beides entscheiden wie immer Sie.

Vielen Dank für dieses Gespräch.

Gern geschehen. Es war mir ein Vergnügen, Sie kennen zulernen.

Haben Sie auch eine Gewissensfrage? Dann schreiben Sie an Dr. Dr. Rainer Erlinger, SZ-Magazin, Rindermarkt 5, 80331 München oder an gewissensfrage@sz-magazin.de.

Kapitel I

Familie & Kinder

OMA MACHT DIE FLATTER

»Meine Mutter hat mich und meine Schwestern allein großgezogen. Letzten Sommer ist sie nach Portugal ausgewandert. Dort hat sie sich ein kleines Anwesen mit großem Garten gekauft und genießt die frischen Orangen und ihren Ruhestand. Ich gönne ihr dieses Leben, andererseits wachsen die immer zahlreicheren Enkel quasi ohne Großmutter auf. Gibt es die moralische Verpflichtung einer vitalen Rentnerin, eine gute Oma zu sein?« FRIEDERIKE M., AACHEN

Natürlich gibt es die moralische Verpflichtung, eine gute Oma zu sein. Genauso wie es die Verpflichtung gibt, eine gute Tochter, ein guter Enkel, ja sogar ganz allgemein ein guter Mensch zu sein. Die Frage ist nur: Was ist »gut« in diesem Zusammenhang, und wie weit geht die Verpflichtung?

Die klassischen ethischen Texte greifen da meist zu kurz. Sie beschäftigen sich vor allem mit den Pflichten der Kinder den alten Eltern gegenüber, so etwa die altägyptische Lehre des Ani: »Gib deiner Mutter doppelt so viel Nahrung, wie sie dir gegeben hat, / trage sie, wie sie dich getragen hat.« Ebenso das vierte Gebot: »Du sollst Vater und Mutter ehren«, das allgemein als Aufforderung verstanden wird, sie im Alter zu versorgen. Von den umgekehrten Pflichten liest man kaum. Liegt das jetzt daran, dass zu der Zeit, als diese Texte verfasst wurden, die Eltern erwachsener Kinder meist schon hilfsbedürftig waren, oder sieht man die Pflichten der Eltern Kindern und Enkeln gegenüber zu diesem Zeitpunkt als erfüllt an? Ich denke: beides.

Bestimmt würde sich Ihre Mutter nicht verweigern, falls Not am Mann wäre. Und in Zukunft wird die demografische Entwicklung allgemein neue Aufgaben an immer vitalere Ältere stellen. Aber – um in juristischen Termini zu sprechen – indem sie mehrere Kinder allein großzog, hat Ihre Mutter sämtliche Pflichten aus jedem Generationenvertrag schon lange übererfüllt. Jetzt hat sie durchaus das Recht, an sich selbst zu denken, und liebt ihre Enkel deshalb bestimmt nicht weniger.

Eine Großmutter gehört zu den größten Schätzen, die man überhaupt nur haben kann; aber das bedeutet nicht, dass sie sich aufopfern muss. Und eine glückliche Oma, die man sogar in den Ferien in Portugal besuchen kann, ist auch nicht zu verachten.

Die Lehre des Ani, aus der 18. Dynastie (1554-1305 v. Chr.), ist zu finden in: Die Weisheitsbücher der Ägypter, *herausgegeben von Hellmut Brunner, Artemis & Winkler Verlag, 1997.*
Die Basishandschrift ist seit 1871 bekannt, weitere Varianten kamen erst später ans Licht. Es liegen vor: vier Papyri, eine Schreibtafel (nur mit dem Titel der Lehre) und neun Ostraka.

JUNIORS RENNSTRECKE

»Mein zweijähriger Sohn fährt leidenschaftlich gern Bobby-Car, die Plastikräder machen einen Höllenlärm. Seine Lieblingsstrecke grenzt direkt an die Terrasse unserer sehr netten Nachbarn. Letzte Woche erwähnte ich ihnen gegenüber, dass es so genannte ›Flüsterräder‹ gäbe, die viel leiser seien. Ich sagte, dass mir die zwanzig Euro dafür aber zu teuer seien, worauf mir der Nachbar das Geld in die Hand drückte – der ruhigere Aufenthalt auf der Terrasse sei ihm das wert. Hätte ich das Geld ablehnen sollen? Wäre ich verpflichtet gewesen, zur Schonung der Nachbarn selbst die ›Flüsterräder‹ zu kaufen?«

MARTINA K., OLDENBURG

Die Situation ist doch folgende: Sie wissen, dass Ihr Sohn einen »Höllenlärm« macht, welcher Ihre freundlichen Nachbarn nachhaltig stören muss. Ebenso wissen Sie, dass dieser Lärm sich – ohne Einschränkung Ihres Sohnes – mit einem vertretbaren Betrag deutlich mindern ließe. Und das sagen Sie Ihren Nachbarn beiläufig, fügen noch hinzu, dass Sie aber nicht gewillt seien, diesen Betrag aufzuwenden. Wenn ich nun versuche, vor meinem geistigen Auge ein Bild dazu zu entwerfen, dann entsteht leider immer folgendes: Sie verschränken nach dem letzten Satz die Arme und schieben die Unterlippe vor. Und es ist genau dieses Bild, das mir nicht gefällt.

Natürlich machen Kinder Lärm; sie dürfen das und sollen das auch dürfen. Natürlich muss man, so man nicht in einer Einöde wohnt, Lärm der Nachbarn hinnehmen – unvermeidbaren. Natürlich gibt es für Kinder immer etwas, was sie brauchen und wofür die Eltern jeden Euro benötigen. Und ebenso natürlich liegt es im Interesse der Nachbarn, dass das Gefährt leiser wird, weshalb wenig dagegen spricht, dass sie dafür auch aufkommen. Aber im Endeffekt haben Sie Ihrem netten Nachbarn ein Ultimatum gestellt: Will er Ruhe haben, muss er sie selbst bezahlen. Das ist natürlich nicht richtig.

Trotzdem scheinen mit dem jetzigen Zustand alle Beteiligten ziemlich zufrieden zu sein: Ihr Sohn kann so viel fahren wie bisher, und trotzdem müssen Ihre Nachbarn weniger Lärm erdulden; das war ihnen etwas wert, und Sie hatten keine Ausgaben. Wäre nur der Weg dorthin ein anderer gewesen!

Und eines ist mir unverständlich: Warum werden die Höllendinger nicht nur mit »Flüsterrädern« ausgeliefert? So viele Einöden gibt es doch gar nicht.

SICH SELBST SCHENKEN

»Alle Jahre wieder dieselbe (Gewissens-) Frage: Soll ich Weihnachten zu meinen Eltern fahren, oder darf ich bei mir zu Hause bleiben? Ich bin weit über dreißig, Single, und genieße die Feiertage bei mir daheim, ganz stressfrei, ohne mühsame An- und Abreise (überfüllte Züge, kilometerlange Staus usw.), ohne Diskussionen (zuerst Essen und dann Bescherung oder umgekehrt?), ohne Kleiderzwang (wann ziehst du dich um, du ziehst dich doch noch um?), ohne als einziger Single unter all den Paaren (Eltern, Geschwister) von ein paar Bierchen in meiner Lieblingskneipe zu träumen! Ich weiß, das ist purer Egoismus, aber spätestens wenn mir Freunde vom Stress und den ›ach so harmonischen‹ Tagen bei der Familie erzählen, legt sich mein schlechtes Gewissen wieder! Also: Darf ich zu Hause bleiben? Danke und schöne Weihnachten.«

TATJANA S., BERLIN

Zumindest was die Nöte auf dem Weg angeht, befinden Sie sich in bester Gesellschaft. Beschwerliche Heimfahrten liegen offenbar in der Tradition von Weihnachten. Meines Wissens hatten sich bereits die ersten in diesem Zusammenhang Reisenden eher unfreiwillig in ihre Geburtsstadt aufgemacht und dort mit allem möglichen Ungemach, insbesondere Überbelegung zu kämpfen. Auch die unglückliche Rolle von Singles neben den familiären Hauptakteuren scheint typisch zu sein. In der Ausgangsgeschichte treten sie entweder als intellektuell sprichwörtlich gering geschätzte Mitgeschöpfe auf (Ochs und Esel) oder werden von ihrem Arbeitsplatz weg nur kurzfristig und gesondert dazu geladen (Hirten).

Trotzdem gehört das Familiäre ebenso zur Tradition wie das Schenken als Zeichen von Zuneigung. Ihr Erscheinen ist ein sehr persönliches und schönes Präsent. Es fällt in die Kategorie der besonders geschätzten selbst gebastelten, die sich nicht per Kreditkarte besorgen lassen. Allerdings mit einer Besonderheit: Sie als Tochter und Geschenk sind nicht von Ihnen, der Schenkerin, sondern von Ihren Eltern, den Beschenkten, einst selbst (mit Liebe?) gemacht worden. Ihr Beitrag ist lediglich, das Geschenk für begrenzte Zeit zur Verfügung zu stellen. Ist das geboten? Wägen Sie ab: Was ist größer? Die Freude Ihrer Eltern, weil Sie zum Fest nach Hause kommen, oder Ihre, wenn Sie an diesem Tag wie an vielen anderen in Ihrer Kneipe sitzen? Überwiegt die Freude Ihrer Eltern, scheint ohnehin alles klar. Überwiegt die Ihrige, nehmen Sie die Reise trotzdem auf sich: Es ist ja schließlich Weihnachten.

Die Ursprungsgeschichte findet sich im Neuen Testament und dort im Evangelium des Lukas, Kapitel 2, Vers 1–20; nachzulesen zum Beispiel in der Einheitsübersetzung der Bibel, *Herder Verlag, 2003. Eine andere Fassung hat Ludwig Thoma aufgeschrieben:* Heilige Nacht, *Piper Verlag, 1999.*

EIN EGO-PROBLEM

»Vorige Woche starb ein Onkel von mir, der eine Frau und drei Kinder (alle Mitte/Ende dreißig) hinterließ. Die Jüngste ist nicht seine leibliche Tochter. Die gesamte Familie weiß Bescheid, nur die Kinder nicht. Meine Frage: Hat nicht jeder Mensch ein Recht zu wissen, wer sein wirklicher Vater ist – auch wenn es den ›Familienfrieden‹ stören könnte? Warum soll die ›uneheliche‹ Tochter ihren wahren Vater nicht kennen lernen? Sie leidet übrigens seit langer Zeit unter psychischen Störungen.« HILDE P., KÖLN

Die Frage, wie weit das Recht auf Kenntnis der eigenen Abstammung geht, ist heiß umstritten, die Diskussion darüber füllt Bibliotheken. Denn das Problem stellt sich nicht nur beim Seitensprung, sondern auch bei der Adoption und der künstlichen Befruchtung mittels Fremd-Samenspende. Studien in den USA zeigen, dass viele Adoptierte unter »genealogical bewilderment«, also »Abstammungsverwirrung« leiden, mit ernsten Folgen. Das Bundesverfassungsgericht in Karlsruhe hat sich mehrfach mit der Frage befasst. In den USA wird seit einigen Jahren darüber gestritten, unter welchen Umständen die von Gesetzes wegen versiegelten Adoptionsakten geöffnet werden dürfen. Während in England ein Arzt ins Gefängnis wandern kann, der die Identität eines Samenspenders und damit des wirklichen Vaters nicht dokumentiert, gibt es in Dänemark und Frankreich umgekehrt eine Anonymitätspflicht für Samenspenden. Dort verhindert also das Gesetz die Feststellung des wirklichen Vaters. Da alle Länder Gründe für ihre Regelungen haben, besteht offensichtlich kein ethischer Konsens.

Auch für Ihre Familienangelegenheit gibt es keine allein selig machende Lösung. Es stehen sich hier Werte rivalisierend gegenüber: das Recht der Tochter auf Kenntnis ihrer Herkunft, das Recht der Mutter auf Wahrung ihrer Intimsphäre und der Schaden, den Offenbarung wie Nicht-Offenbarung bei den Beteiligten und ihrem Verhältnis zueinander anrichten. Jeder dieser Aspekte hat Gewicht, nur wie viel?

Ich persönlich bin der Meinung, dass Ihre Cousine das Recht hat, die Wahrheit zu erfahren, es Ihnen aber nicht zukommt, die Mitteilung zu übernehmen. Nach dem Tod Ihres Onkels liegt das Problem vornehmlich innerhalb der Beziehung Mutter – Tochter und sollte dort gelöst werden. Sie können dazu beitragen, indem Sie mit Ihrer Tante darüber sprechen und auf sie einwirken. Allerdings sollte sie sich vorher von einem Psychologen beraten lassen – das Ganze wird für die Tochter nicht leicht zu verkraften sein. Es wäre aber deutlich schwieriger, wenn sie es von Dritten erführe.

Die beiden grundlegenden Entscheidungen des Bundesverfassungsgerichts zu diesem Sachverhalt: BVerfG Urteil vom 31.1.1989 – 1 BvL 17/87; Neue juristische Wochenschrift, Jahrgang 1989, Seite 891. BVerfG Beschluss vom 6.5.1997 – 1 BvR 409/90; Neue Juristische Wochenschrift, Jahrgang 1997, Seite 1769.

Weiterführend sind folgende Aufsätze zu empfehlen:
Andreas Voß, Neue Tendenzen im Adoptionsrecht der Vereinigten Staaten von Amerika, *Zeitschrift für das gesamte Familienrecht, Jahrgang 2001, Seite 203.*
Hermann Deichfuß, Recht des Kindes auf Kenntnis seiner blutsmäßigen (genetischen) Abstammung?, *Neue Juristische Wochenschrift, Jahrgang 1988, Seite 113.*
Norbert Mansees, Jeder Mensch hat ein Recht auf Kenntnis seiner genetischen Herkunft, *Neue Juristische Wochenschrift, Jahrgang 1988, Seite 2984.*

BIEST ZU BESUCH

»Unsere dreieinhalbjährige Tochter hat eine beste Freundin. Die beiden Mädchen vertragen sich gut und spielen toll zusammen. Nur: Ich kann diese Freundin nicht ausstehen. Sie ist laut, blöde, frech, verwöhnt und hat auch schon mal etwas kaputtgemacht. Dieses Kind geht mir derart auf den Wecker, dass ich bereits aus meiner eigenen Wohnung geflohen bin, nur weil sie da war. Am liebsten würde ich verbieten, dass sie uns besuchen kommt. Aber ich habe Skrupel, weil meine Tochter so an ihr hängt.« PHILIPP B., TUTZING

Ob Ihre moralischen Skrupel berechtigt sind, hängt ganz davon ab, warum Sie die Besuche verbieten wollen. Sie haben bei der ganzen Sache nämlich eine Doppelrolle: einmal als Vater und Erziehungsberechtigter und einmal als eigenständiger Mensch. Diesen Teil Ihrer Person haben Sie nämlich nicht für immer an der Kreißsaaltüre abgegeben.

Wenn es Ihnen um die Erziehung Ihrer Tochter geht und Sie den schlechten Einfluss der verwöhnten Freundin verhindern wollen, handeln Sie richtig. Vielleicht mag Ihre Tochter das kleine Monster gerade wegen dessen rücksichtslosen Verhaltens – dann könnten Sie sogar die Pflicht haben, den Umgang zu unterbinden. Allerdings wäre die Entscheidung auch ein Anlass zu überprüfen, ob Sie nicht zu streng mit Ihrer Tochter sind. Sie müssen sich im Klaren sein, dass Sie, wenn pädagogische Gründe den Ausschlag geben, eigentlich die Interessen Ihrer Tochter wahrnehmen und nicht Ihre eigenen.

Ihre Wünsche – also etwa Ihr Ruhebedürfnis – zu verteidigen, wäre aber gleichfalls nicht verwerflich. Mit einem schlecht gelaunten Familienvater ist niemandem gedient, seine Qualität lässt sich nicht daran ablesen, wie viele Säureblocker er einnehmen muss, um kein Magengeschwür zu bekommen. Andererseits ist der berühmte Satz mit den Füßen unterm Tisch auch keine Lösung. Es muss also ein Kompromiss gefunden werden, denn die Sympathien Ihrer Tochter sind wertvoll, mögen sie auch kindlich sein und einem kleinen Scheusal gelten.

Die Wahrheit liegt wahrscheinlich wie immer in der Mitte: Lassen Sie die Nervensäge nicht mehr so oft kommen und versuchen Sie, die Besuche auf die Tage zu legen, an denen Sie ohnehin nicht zu Hause sind. Aber ganz sollten Sie, wenn es nicht aus pädagogischen Gründen notwendig ist, Ihrer Tochter die Freundin nicht vorenthalten.

SCHWER STEUERBAR

»Meine Frau und ich gehen ab und zu mit Verwandten fein zum Essen. Mein Schwager behält dann immer die gemeinsam bezahlte Rechnung (bei sechs bis vierzehn Personen immerhin bis zu fünfhundert Euro), um sie als Selbstständiger von der Steuer abzusetzen. Dies ärgert mich, da er der Wohlhabendste von allen ist (was ich ihm gönne) und dieser Betrug mich ja zum Mitwisser und Geschädigten macht, denn von meinem Rechnungsanteil von etwa fünfzig Euro bekommt er vom Staat etwas zurück. Meine Frau hält zu ihrem Bruder, sie will keinen Unfrieden. Habe ich mit meinem Gerechtigkeitsgefühl Unrecht? Wie kann ich dieses Verhalten unterbinden, ohne dass es zu Streit im Verwandtenkreis kommt?«

HEINZ W., DARMSTADT

Vorab muss ich zugeben, für Ihre zweite Frage vielleicht nicht ganz der richtige Adressat zu sein. Natürlich ist es auch ethisch geboten, niemanden stärker vor den Kopf zu stoßen, als unbedingt notwendig. Häufig wird es zwischenmenschlich aber sogar ungünstiger sein, offen die Wahrheit auszusprechen. Der Aufrechte macht sich oft keine Freunde.

Die erste Frage dagegen ist leicht beantwortet: Ihr Schwager macht Ausgaben geltend, die er nicht getätigt hat, geschweige denn, dass sie beruflich veranlasst waren. Das ist

Steuerbetrug und als solcher nicht in Ordnung. Allerdings sind Sie nicht direkt Geschädigter, denn Sie müssen Ihre fünfzig Euro zahlen, egal, ob Ihr Schwager die Rechnung zweckentfremdet oder nicht. Geschädigt ist der Staat, damit wir alle und auf diesem Umweg auch Sie. Gewinner ist Ihr Schwager, an jedem der Abende macht er wahrscheinlich zweihundert Euro Plus. Sie selbst brauchen aber meiner Meinung nach kein schlechtes Gewissen zu haben, denn auch wenn Sie Mitwisser sind, sind Sie kein Mittäter. Solange Sie dem Schwager nicht helfen, haben Sie keine moralische Verpflichtung, dessen sozialschädliches Tun zu beenden. Wenn Sie also zu Gunsten des Familienfriedens nichts sagen, verbiegen Sie sich – zumindest in Bezug auf die Rechnung – moralisch nicht, obwohl ein offenes Gespräch sicher das Sinnvollste wäre.

Sie können das Ganze aber auch abstellen, indem Sie das nächste Mal die Rechnung für sich verlangen, mit der Begründung, Sie wollten das Essen mit der Familie als »außergewöhnliche Belastung« von der Steuer absetzen. Das wird das Finanzamt zwar nicht anerkennen, aber es wird auch nicht gelogen sein: Denn spätestens ab diesem Zeitpunkt dürfte eine außergewöhnliche Belastung in der Familie und wahrscheinlich auch in Ihrer Ehe vorliegen.

§ 370 Abgabenordnung:

(1) Mit Freiheitsstrafe bis zu fünf Jahren oder mit Geldstrafe wird bestraft, wer

1. den Finanzbehörden oder anderen Behörden über steuerlich erhebliche Tatsachen unrichtige oder unvollständige Angaben macht,

2. die Finanzbehörden pflichtwidrig über steuerlich erhebliche Tatsachen in Unkenntnis lässt
3. … und dadurch Steuern verkürzt oder für sich oder einen anderen nicht gerechtfertigte Steuervorteile erlangt.

DIE MOGEL-MUTTI

»Da mein Mann beruflich stark eingespannt ist, kommt es immer wieder einmal vor, dass er den Kindern Dinge verspricht, die er dann nicht halten kann. So möchte er zum Beispiel mit ihnen zu Abend essen, aber sein Termin dauert länger als geplant. Die Enttäuschung der Kinder ist dann natürlich riesig! Aus diesem Grund erzähle ich oft kleine Notlügengeschichten, damit sie ihm nicht böse sind. Wer richtet hier den größeren Schaden an? Mache ich es dem Vater zu leicht, sich seinen Pflichten zu entziehen?«

ULLA L., MÜNCHEN

Bei Ihrer Frage fiel mir spontan Heinz Rühmann im Film *Der Lügner* ein. Er spielt darin einen kleinen Angestellten, den das Glück und zudem seine Frau verlassen haben. Aus Liebe zu seiner Tochter spiegelt er ihr vor, dass ihre Mutter im Himmel und er selbst ein wichtiger Mann sei. Er baut eine Scheinwelt ohne Bezug zur Realität auf und verliert deshalb sogar fast das Sorgerecht – bis eine neue Frau sich der beiden annimmt, das Lügen beendet und so das Happyend reitet. Allerdings, richtig vergleichbar ist das nicht, denn Sie spielen beide Rollen – die des Lügners und die der rettenden Frau. Dabei fragen Sie sich, wer den größeren Schaden anrichtet, obwohl Sie sich bemühen, die Kinder so gut wie möglich davor zu bewahren. Nur: Dürfen Sie dabei lügen?

Wir sind uns sicher einig, dass das Wohl der Kinder zentraler Gesichtspunkt ist. Ob Kinder auch unangenehme Wahrheiten verarbeiten können, ist umstritten. Wie ich erfahren habe, bejaht es die derzeit herrschende Meinung in der Psychologie. Andererseits bemerken Sie als Mutter eine »riesige« Enttäuschung. Im psychologischen Streit kann ich nicht Partei ergreifen, auf der moralischen Ebene sehe ich die Wahrheit und das Glück der Kinder als betroffene Werte. Deshalb scheinen mir kleine Notlügengeschichten vertretbar, solange die Betonung auf »kleine« liegt und Sie keine allzu dichten Lügengespinste entwickeln.

Auf die zweite Frage nach dem Zu-leicht-Machen kommt es meiner Meinung nach gar nicht an. Im Gegenteil, diese Überlegung halte ich für falsch. Denn selbst wenn Ihr Mann einen Fehler macht, müssten Sie das mit ihm direkt klären. Ihr Verhalten gegenüber den Kindern nur deshalb zu ändern, um ihn zu beeinflussen, hieße nämlich, die Kinder als Druckmittel zu benutzen. Und das wollen Sie sicher nicht.

Der Lügner, *Regie: Ladislao Vajda, mit Heinz Rühmann, Annemarie Düringer, Gustav Knuth. Uraufführung am 21. Dezember 1961 im UFA-Palast, Köln.*

DANKE FÜR DIE BLUMEN

»Als Studentin habe ich wenig Geld und überlege mir in der Regel gut, wofür ich es ausgebe. Ab und zu spende ich etwas, wenn mich die Nachrichten wieder daran erinnern, dass das Geld für ein paar Kugeln Eis anderswo Leben retten kann. Vor kurzem nun hätte meine Oma, die vor sechs Jahren starb, Geburtstag gehabt, weshalb ich einen Blumenstrauß auf ihr Grab gestellt habe. Im Nachhinein überlege ich: War das ein gutes Werk, oder war es egoistisch, Geld für meine verstorbene Oma auszugeben, statt damit einem (noch?) lebenden Menschen in Darfur wenigstens ein paar Tage Lebensmittel und Wasser zu sichern?« IRIS R., TRIER

Warum haben Sie Ihrer Großmutter Blumen aufs Grab gelegt? Wohl weil Sie sie zu Lebzeiten geliebt haben. Vielleicht sind Sie der Überzeugung, die mit der Gabe verbundenen Gefühle erreichten sie. Auf jeden Fall aber sind die Blumen Ausdruck Ihrer Dankbarkeit: Sie bedanken sich bei Ihrer Großmutter dafür, dass es sie gegeben hat, dass sie war. Der französische Philosoph André Comté-Sponville schreibt dazu: »Die Dankbarkeit ist Freude des Gedächtnisses, Liebe der Vergangenheit – nicht Schmerz, dass etwas nicht mehr ist, nicht Bedauern, dass etwas nicht war, sondern freudiges Erinnern an das, was gewesen ist.« Genauso beurteilt er auch die Trauerarbeit, die vom Schmerz darüber, dass jemand starb, überleitet zur Freude darüber, dass er lebte. Damit kann sie helfen, dem Tod den Schrecken zu nehmen: »Der Tod wird uns nur die Zukunft nehmen, die nicht ist. Die Dankbarkeit befreit uns von ihr durch das freudige Wissen dessen, was war.«

Vielleicht auch deshalb wird die Ehrerbietung gegenüber den Verstorbenen allgemein als moralisches Gebot angesehen. Dieses zieht sich von den altägyptischen Weisheitsbüchern über Sophokles' Antigone, die dafür selbst in den Tod geht, bis zum heutigen Paragraf 168 des Strafgesetzbuchs, der die Störung der Totenruhe im Höchstmaß mit drei Jahren Gefängnis bedroht.

War es egoistisch, den Strauß zu kaufen? Gut, Sie haben zu Ihrem Wohlbefinden gehandelt, aber es geht eben auch um Dankbarkeit und die hat einen Wert; Kant und Rousseau sehen in ihr sogar eine Pflicht. Dass sie zugleich Freude bereitet, steht dem nicht entgegen. Um noch einmal Comte-Sponville zu zitieren: »Dankbarkeit ist die angenehmste aller Tugenden und das tugendhafteste aller Vergnügen.«

André Comte-Sponville, Ermutigung zum unzeitgemäßen Leben. Ein kleines Brevier der Tugenden und Werte, *Rowohlt Taschenbuch Verlag, 1998.*

IN DER NASCHZELLE

»Mein zehnjähriger Sohn bekommt von Verwandten Unmengen Süßigkeiten. Hinweise, wir hätten noch genug zu Hause, verhallen. Mein Sohn nascht gern, doch kann er diese Massen nicht bewältigen. Ich lege Wert auf gesunde Ernährung und möchte keinesfalls, dass er noch mehr Süßes isst – also verstauben ganze Großfamilien Osterhasen und Nikoläuse im Schrank. Lebensmittel wegwerfen will ich nicht und versuche, den Süßkram zu verschenken. Ist es unmoralisch, ungesunde Dinge anderen aufzudrängen, nur damit ich sie nicht in den Müll geben muss?« KARIN D., PASSAU

Schokolade soll glücklich machen, doch bei Ihnen funktioniert das nicht. Einerseits scheuen Sie zu Recht die Auslöschung von Schoko-Großfamilien, wollen sich also nicht die Finger klebrig machen. (Obwohl das auch nicht ganz so schlimm wäre, denn die Gelagerten leben nicht wirklich und wenn sie es doch tun, darf man sie entsorgen.) Andererseits wollen Sie sich von Ihrer Schokoladenseite zeigen – zwischenmenschlich wie moralisch. Sie sehen sich deshalb jetzt im Spannungsfeld zwischen der Verantwortung gegenüber Ihrem Sohn, der Rücksicht auf die Verwandten, Ihrer ernährungsphysiologischen Überzeugung, der Hemmung, Lebensmittel wegzuwerfen, und der Sorge um die Mitmenschen.

Das alles mag zu Karies führen, aber glücklicherweise zu keinem unlösbaren Konflikt: Sie dürfen die Schokolade ruhig verschenken, Ihre Bedenken dagegen sind nicht überzeugend. Im Prinzip gestatten Sie Ihrem Sohn das Essen von Schokolade, Sie wollen nur nicht das Übermaß fördern. Wenn Sie nun alles wegwerfen, was er übrig lässt, damit kein anderer davon essen muss – bei Ihrer Schilderung hat man fast den Eindruck, es handle sich um Sondermüll –, würden Sie sich ja mehr Sorgen um die Gesundheit Fremder als um die Ihres Sohnes machen. Das wäre ungerechtfertigt, denn die Verantwortung für Ihren Sohn wiegt am höchsten. Sie handeln dann nicht gegen Ihre Überzeugung, wenn Sie die Süßigkeiten statt Kindern deren Eltern geben; dann können diese entscheiden, wie viele Leckereien sie für gesund halten. Allerdings liegt die wahre Ursache der Probleme in der Tatsache, dass Sie die Schokoladenströme nicht effektiv abwehren, wohl aus Rücksicht auf die Verwandten. Jedoch haben Sie als Mutter durchaus die Möglichkeit, Süßigkeiten als Mitbringsel völlig zu verbieten – mit der Betonung auf völlig. Würden Sie bei den Verwandten nämlich nur auf ausreichende Lagerbestände verweisen, so zeigten Sie, dass Sie die Geschenke anderer offensichtlich akzeptieren. Sie müssen also konsequent sein, sonst setzt die Schokolade bei Ihnen weiterhin statt Endorphinen Stresshormone frei.

Kapitel II

Urlaub & Verreisen

DIE SEIFE-PRÜFUNG

»Bei einem Kurzurlaub haben wir in einem reizenden Hotel übernachtet, in dem – wie üblich – verschiedene Bade-Accessoires bereitlagen. Die Palette reichte vom einfachen Duschgel über Seife und Körperlotion bis zur Duschhaube und zum Nähset. Wir haben diese kleinen praktischen Dinge, weil sie so nett waren, unserem Reisegepäck einverleibt. Jetzt fragen wir uns: Ist das moralisch verwerflich oder handelt es sich dabei um Geschenke des Hauses, die man bedenkenlos einstecken kann?« JUTTA B., HAMBURG

Endlich einmal etwas ohne moralischen Zeigefinger, dachte ich im ersten Moment. Die Frage kann man in wenigen Zeilen beantworten: dass es ganz unproblematisch und völlig legitim ist, die Dinge mitzunehmen. Die kleinen Ein-Tages-Packungen werden Ihnen vom Hotel zur Verfügung gestellt, damit Sie sie benutzen, sie sind im Zimmerpreis enthalten. Wenn Sie Ihr eigenes Shampoo mitbringen, warum sollten Sie das andere dann nicht im Gegenzug mit nach Hause nehmen dürfen?

Allerdings bleibt trotz aller Logik ein ungutes Gefühl, dem man nachgehen sollte. Eine Anfrage bei einer Luxushotelgruppe führt zur passend noblen Antwort: »Wir sehen das großzügig.« Bei einem Hotelaufenthalt zahle der Gast viel und habe danach nichts in der Hand. Es sei also nachvollziehbar, wenn er wenigstens eine Kleinigkeit mitnehmen wolle. Zudem würde das selbstverständlich in den Preis einkalkuliert. Für solche Hotels ist das sicher richtig, in Zimmerpreisen zwischen mehreren hundert und mehreren tausend Euro pro Nacht sollte selbst die teuerste Seife enthalten sein. Anders sieht es bei kleineren Hotels aus, hier schlagen diese Ausgaben doch merklich zu Buche. Nicht umsonst sind die Spenderflaschen immer mehr im Kommen.

Für weitaus relevanter als diese Frage halte ich jedoch die eigene Motivation. Es wäre sicher unangebracht, kategorisch zu sagen: Das tut man einfach nicht. Aber die Einstellung, alles mitzunehmen, was man bezahlt hat, nur weil man es bezahlt hat, ist bedenklich.

Mein Schluss daher: Wenn man – wie Sie – besondere Freude an manchen Kleinigkeiten hat (Kleinigkeiten: nicht der Frotteemantel und nicht der Badvorleger!), darf man die problemlos einstecken – durchaus auch im Sinne eines Gastgeschenks. Das Gleiche gilt für angebrochene und benutzte Dinge, die sonst auf dem Müll landen. Regelmäßig jedes Badezimmer leer zu räumen wäre dagegen raffgierig. Das tut man wirklich nicht. Außerdem: Wozu? Die Sachen liegen doch zu Hause nur rum.

OSTER-SPECKTAKEL

»Vergangenes Jahr rasteten wir am Karfreitag bei einer Wanderung auf einem Bergbauernhof. Lange Zeit verkaufte die Bäuerin nur Spiegeleier mit Spinat. Es war ja Karfreitag! Fast jeder Gast verlangte aber mit unterschiedlicher Bestimmtheit Speck dazu. Nach einiger Zeit erlag die Bäuerin den ständigen Forderungen und servierte das fleischhaltige Gericht, mit sichtlichem Unwillen. Wer muss nun ein schlechtes Gewissen haben? Die Gäste, die Bäuerin oder vielleicht sogar ich, weil ich nicht eingeschritten bin?« IRMGARD S., MÜNCHEN

Geht es hier um Glaubens- oder um Moralfragen? Wohl um beides, aber das Problem liegt nicht innerhalb des Glaubens, sondern gerade außerhalb. Es geht darum, wie man sich beim Aufeinandertreffen verschiedener religiöser Auffassungen verhalten soll.

Nicht falsch verhalten hat sich die Bäuerin. Zwar ist das Gebot, am Karfreitag kein Fleisch zu essen, zwiespältig zu betrachten. Die evangelische Kirche kennt es gar nicht, und auch in der katholischen Kirche ist es in manchen Ländern, wie etwa Italien, nicht mehr gültig, weil der Verzicht heute kein Opfer mehr darstellt; schließlich ergibt es keinen Sinn, aus Fastengründen Dauerwurst durch Hummer oder Kaviar zu ersetzen. Es bleibt jedoch die Forderung, sich an diesem Tag zu mäßigen. Dem entspricht die Bäuerin mit der Beschränkung auf Eier und Spinat aufs Beste; indem sie nichts anderes anbietet, lebt sie ihre Überzeugung. Da Glaubensfragen persönlich sind, ist ihr aber nicht vorzuwerfen, dass sie anderen, die sich nicht daran gebunden fühlen, auf deren Wunsch Speck serviert. Sie braucht also kein schlechtes Gewissen zu haben.

Das sollten aber die Gäste. Nicht weil sie Fleisch gegessen haben, sondern weil sie auf Speck bestanden, obwohl ihn die Bäuerin nicht servieren wollte. Damit haben sie deren Glauben missachtet. Unerheblich ist dabei, ob sie selbst auch katholisch sind. Die religiöse Überzeugung eines Mitmenschen zu respektieren ist ein allgemeines Gebot. Etwas anderes könnte nur gelten, wenn diese Überzeugung Grundwerte verletzte. Hier aber geht es allein um den persönlichen Genuss.

Und zuletzt Ihre Rolle: Natürlich ist es sinnvoll, jemanden in einem Gewissenskonflikt moralisch beizustehen. Nur liegt hier sicher kein Fall vor, der ein Eingreifen zwingend erfordert. Und gegen das Fleischessen als »Sünde« müssen Sie meines Erachtens auch nicht vorgehen. Schließlich sind Sie nicht die Inquisition.

KNIRPS PERDU

»Vor Jahren habe ich in Avignon auf dem Platz vor dem Papstpalast einen Edel-Mini-Klappschirm liegen sehen und aufgehoben. Der Platz war praktisch leer, nur in der Ferne standen zwei Leute. Ich lief ihnen hinterher und fragte, ob das ihr Schirm sei. Nein. Dann habe ich überlegt: Keiner von uns kann genug Französisch, um nach dem Fundbüro zu fragen. Ist es Samstagnachmittag geöffnet (wir waren auf der Durchreise)? Würde der Schirmverlierer dort am Montag nachfragen? Der Schirm ist von einem englischen Hersteller. All die Jahre geht mir der Gedanke im Kopf herum – habe ich richtig gehandelt, sollte, durfte ich den Schirm an mich nehmen? Juristisch, moralisch: nein. Aber praktisch: doch wohl ja.«

MICHAEL S., MÜNCHEN

Beinahe hätten Sie mich überzeugt. Natürlich haben Sie Recht, dass all das, was Sie schildern, unpraktikabel sei: ein Fundbüro suchen in einer fremden Stadt, an einem Samstag. Ein Fundstück abgeben, das – siehe Marke – mit fast hundertprozentiger Sicherheit ein Tourist verloren hat, der niemals in der nächsten Woche aufs Amt gehen kann, sondern schon lange abgereist ist. Zu guter Letzt das Argument mit dem Gegensatz zwischen Jura und Moral auf der einen Seite und dem praktischen Leben auf der anderen.

Es ist ja nicht so, dass ich keine Zweifel hätte und nicht manchmal fürchtete, überzogene und weltfremde Ratschläge zu geben. Trotzdem haben Sie mich nur beinahe überzeugt. Dass es juristisch und moralisch nicht richtig ist, etwas Fremdes einfach einzustecken, schreiben Sie selbst. Und praktisch ist das doch nur dann, wenn Sie den Schirm haben wollen. Denn welchen Grund gibt es sonst, ihn mitzunehmen? Vielleicht weil ihn sonst ein anderer nimmt? Was ist daran objektiv schlechter, als wenn Sie ihn behalten? Im Gegenteil, je länger er liegen bleibt, umso größer ist die Möglichkeit, dass ihn sein Eigentümer wiederfindet, falls er doch danach sucht – oder sind Sie noch nie wegen etwas Verlorenem extra zurückgefahren? Ab Ihrer Aktion war die Chance aber gleich null.

Ich hätte es für zumutbar gehalten, wenn Sie den Schirm entweder irgendwo sichtbar abgelegt oder – das halte ich für die beste Lösung – im nächsten Geschäft oder Café abgegeben hätten. Denn dort, und nicht im Fundbüro, würde ich nachfragen, wenn ich den Schirm verloren hätte.

DAS GEWISSEN REIST MIT

»Ich spare regelmäßig Geld für Urlaubsreisen, oft in Regionen, wo es vielen Menschen sehr schlecht geht: wenig zu essen, kein sauberes Trinkwasser, Umweltschäden. Da kommt mir ein schlechtes Gewissen: Ich schwimme in sauberem Wasser, das andere nicht mal zum Trinken haben, schlemme abends am Buffet, wovon die Menschen außerhalb des Geländezauns nur träumen können. Habe ich das Recht, nur weil ich dafür zahle, diese schöne fremde Welt zu genießen? Sicher leben dort einige davon sehr gut, die meisten aber profitieren leider nicht vom Tourismus. Sollte ich in Zukunft zu Hause bleiben?« SVEN K., KARLSRUHE

Zu Hause müssen Sie keinesfalls bleiben; wenn Ihre Gewissensbisse zu groß sind, können Sie immer noch nach Monaco fahren, wo Sie als Otto Normalreisender dann außen vor dem Zaun stehen und selbst den Reichen auf den Teller schauen. Doch ganz im Ernst, dass der Tourismus ethische Probleme mit sich bringt, ist inzwischen unbestritten, auch der Papst hat jüngst wieder darauf hingewiesen. Dabei muss man gar nicht an Sextourismus denken, der sich sowieso jeder Diskussion entzieht; insbesondere, wenn Kinder betroffen sind. Es geht auch um Umweltschutz, Rücksichtnahme auf kulturelle und religiöse Werte und um den Nutzen für die einheimische

Bevölkerung. Eine Problemlage, zu der es viele unterschiedliche Meinungen gibt; die World Tourism Organization hat sogar einen »Globalen Ethikkodex für den Tourismus« verabschiedet.

Auf der anderen Seite ist das Reisen nicht wertlos: Abgesehen von der Erholung ist das Kennenlernen fremder Kulturen zu begrüßen und der Tourismus stellt für viele Länder eine der Haupteinnahmequellen dar, auch für die dortige Bevölkerung. Allerdings weniger, wenn der All-inclusive-Urlaub komplett innerhalb der Hotelanlage abläuft und die einheimische Wirtschaft buchstäblich außen vor bleibt.

An dieser Stelle eine Empfehlung zu geben ist deshalb sehr schwer. Bestimmt will ich Ihnen den Urlaub nicht vermiesen, den Sie sich erspart haben und genießen sollen. Deshalb schlage ich Ihnen vor, sich vor dem Buchen zu informieren und gegebenenfalls einen Veranstalter auszuwählen, der auf die vielfältigen Probleme Rücksicht nimmt. Nur ist der sicherlich nicht der billigste.

World Tourism Organization (WTO-OMT), Global Code of Ethics for Tourism, *Madrid, 1999. Zu finden auf der Internetseite der WTO: www.world-tourism.org.*
Weiterführende Infos in Deutschland beispielsweise bei Tourism Watch, c/o EED e.V., Ulrich-von-Hassell-Str. 76, 53123 Bonn, www.tourism-watch.de.

EINE SCHNITTE, BITTE!

»Bei meinem letzten Urlaub (›Übernachtung mit Frühstück‹) lagen morgens zwei Brötchen auf dem Tisch und die Pensions-Chefin brachte weiteres Brot sowie Wurst und Käse zur Auswahl. Nun dachte ich mir, dass es eigentlich egal sei, ob ich eine halbe Stunde länger frühstücke und zwei Scheiben Brot mehr verdrücke (ich bin über zwei Meter groß und habe morgens recht viel Appetit), oder eine Schnitte als Reiseproviant mitnehme. Allerdings hat der Wirt meine Tischnachbarn gemaßregelt, als diese sich eine Brotzeit machen wollten. Ich bekam prompt ein schlechtes Gewissen. Zu Recht?«

ARNO G., KÖLN

Verzeihen Sie mir die Assoziation, aber bei der Schilderung, wie Sie, speziell auch bei Ihrer Größe, die Brote verdrücken, fielen mir die Cartoons des Amerikaners Gary Larson ein, in denen oft Riesenschlangen als Personen agieren. Diese Reptilien können ja ganze Tiere auf einmal erdrücken und verspeisen – kurz: verdrücken – und sind davon dann wochenlang satt. Zu Ihrer Frage kann ich mir gut einen solchen Cartoon vorstellen: In einem Hotel streitet der Python-Wirt mit dem Python-Hotelgast, der gerade – in typischer Gary-Larson-Art an seinem Körperumriss zu erkennen – einen ganzen Elefanten verschlungen hat und nun noch einen weiteren nachbekommen und mitnehmen möchte. Entsprechend Ihrer Überlegung würde der Text dazu dann lauten: »Ich könnte doch genauso gut ein paar Wochen beim Frühstück sitzen bleiben und ihn hier verdrücken.«

Tatsächlich müsste wohl, wer auch immer auf die Idee kommt, ein Riesenschlangenhotel aufzumachen, die Preise fürs Frühstück sehr sorgfältig kalkulieren. Und darin liegt auch die Antwort auf Ihre Frage. Der Wirt berechnet sein Frühstück danach, was ein durchschnittlicher Gast, der durchschnittlich lange sitzen bleibt, durchschnittlich verspeist. Bleibt einer länger und isst mehr – Pech für den Wirt. Hat der Gast keine Zeit und trinkt nur eine Tasse Kaffee im Stehen – umgekehrt. Ließe man Ihre hypothetischen Erwägungen zu, müsste der Chef anders rechnen, und Sie müssten mehr bezahlen. Außerdem scheint mir die Regelung sehr vernünftig, dass nur im Preis enthalten ist, was am Tisch gegessen und getrunken wird. Es ist oft schwer, eine sinnvolle Abgrenzung zu treffen; diese hier ist bestechend einfach, deshalb sollten Sie sich daran halten.

Gary Larson, Complete Far Side 1980–1994, *Andrews McMeel Publishing, 2003.*
Die Idee des Bildes der Riesenschlange, die einen Elefanten verdaut, findet sich auch bei Antoine de Saint-Exupéry, Der kleine Prinz, *Karl Rauch Verlag, 2000.*

FÜR EINE HAND VOLL DOLLAR

»Bei einem Besuch im Gefängnis von Khartoum wurde mir ein einundzwanzigjähriger Sudanese, Mohamed, vorgeführt, der einen Menschen getötet hatte und dafür zu lebenslanger Haft verurteilt wurde. Nach dem islamischen Recht, der Scharia, ist es möglich, Inhaftierte mit einem Lösegeld für die Familie des Getöteten freizukaufen. Ich hatte das Geld, in diesem Fall achthundert US-Dollar, weil mich großzügige Sudanesen zu sich einluden und nicht erlaubten, dass ich im Hotel wohnte. Um mich für ihre Gastfreundschaft erkenntlich zu zeigen, holte ich einen ihrer Landsleute, den Jungen, aus dem Gefängnis. Aber was ist, wenn er wieder jemanden umbringt? Zwar habe ich ein gutes Gefühl, denn ich sagte Mohamed, er solle sich nicht bei mir, sondern bei Allah bedanken. Aber trotzdem: Habe ich richtig gehandelt?«

ANNA S., WEILHEIM

Das ist sicher eine der schwierigsten Fragen, die mir von meinen Lesern je gestellt wurden. Eine Antwort, die ihr voll gerecht wird, müsste sich weit umfassender mit islamischem Recht, ethischen Theorien und dem Konflikt der Rechts-, Werte- und Gesellschaftsordnungen auseinandersetzen, als es im Rahmen dieser Kolumne möglich ist. Insgesamt kann ich Ihre Tat aber nicht gutheißen. Meine Nachfrage am Seminar für Arabistik der Universität Göttingen ergab, dass das, was Sie schildern, nach der Scharia ordnungsgemäß gewesen sein dürfte; allerdings entspricht es dem Sinn der Vorschrift nur zum Teil. Die Tötung eines Menschen ist im islamischen Recht eine Tat, die zuvorderst die zwischenmenschlichen Beziehungen und nur in zweiter Linie das Verhältnis des Schuldigen zu Gott beeinträchtigt. Da die göttliche Ordnung durch ein derartiges Verbrechen nicht ohne weiteres gestört wird, kann der Täter weltlich straffrei bleiben, wenn die Familie des Getöteten durch Zahlung eines so genannten Blut- oder Wergeldes entschädigt wird.

Diese Zahlung, die üblicherweise die männlichen Verwandten des Inhaftierten aufbringen, haben nun Sie geleistet und damit die Familie des Opfers entschädigt. Allerdings stammt diese Möglichkeit aus den Zeiten der Stammesgesellschaft. Ihr liegt zu Grunde, dass der Freikauf nur bei festen Familienstrukturen erfolgt, durch die der Täter an weiteren Verbrechen gehindert wird. Genau das war aber nicht der Fall, als Sie das Blutgeld – vor Ort ein hoher Wert – als Unbeteiligte bezahlten.

Ihr Agieren entlang des Wohlstandsgefälles hat einem Menschen nach örtlichem Recht korrekt die Freiheit geschenkt. Unabhängig davon, ob dies unseren Werten widerspricht, haben Sie dabei aber den Aspekt der sozialen Kontrolle des Täters, der auch hinter den islamischen Regeln steht, außer Acht gelassen. Meines Erachtens entsteht hier auch kein Konflikt zwischen absoluten moralischen Geboten und Folgenabwägung, wie ihn Max Weber – umstritten – als Gegensatz von Gesinnungs- und Verantwortungsethik beschrieben hat. Denn ich kann hinter Ihrem Handeln keine Überzeugung im

Sinne einer ethischen Gesinnung erkennen; Sie scheinen eher von einer abstrakten Höflichkeit motiviert gewesen zu sein, wenn nicht sogar ein Quäntchen Eitelkeit im Spiel ist. Mein Schluss deshalb: Sie haben weder gegen Gesetze verstoßen noch haften Sie für die Zukunft des Sudanesen. Ihr Handeln war sicher auch gut gemeint, an seinen Ergebnissen gemessen jedoch bedenklich.

Tilman Nagel, Das islamische Recht. *Eine Einführung, WVA-Verlag Skulima, 2001.*
Max Weber, Politik als Beruf, *Reclam Verlag, 1992.*

SOMMERHAUS-TÄTER

»Uns gehört ein Ferienhaus an der Ostsee, das wir seit Jahren an Stammgäste vermieten. Natürlich wollen auch Freunde ihren Urlaub dort verbringen, am liebsten umsonst oder mit Nachlass. Deshalb gewähren wir dreißig Prozent Rabatt auf den regulären Preis und ärgern uns im Stillen. Denn es gibt oft *Probleme: kurzfristige Absagen, mehr Gäste als angemeldet, Endreinigung und Telefon werden nur mit Murren erstattet. So haben wir nun beschlossen, grundsätzlich nicht mehr an Freunde zu vermieten. Müssen wir ein schlechtes Gewissen haben, weil wir nicht großzügig genug denken und handeln?«* MARIANNE R., HANNOVER

Machen Sie sich nur keine Sorgen: Wahrscheinlich wird sich Ihr Problem von allein lösen. Denn allzu eng dürfte eine Freundschaft mit jemandem, dem Sie gerade dieser Freundschaft wegen Ihr Häuschen verweigern, ohnehin nicht bleiben. Aber Sie wollen von mir keine Prophezeiungen, sondern wissen, ob Sie ein schlechtes Gewissen haben müssen, und ich glaube: ja. Natürlich ist das Verhalten derjenigen falsch, die sich über die Erstattung Ihrer Kosten beschweren oder so mir nichts, dir nichts absagen und Sie mit einem leeren Ferienhaus zurücklassen. Aber besonders schön finde ich auch Ihre Einstellung nicht, sich von Anfang an über Rabatt für Freunde zu ärgern und dann kategorisch nie mehr an sie zu vermieten.

An dieser Stelle muss ich jetzt einmal eine Lanze nicht nur für die Freundschaft, sondern auch für die Großzügigkeit brechen. Moralisch wie auch ganz pragmatisch. Ich glaube, verzeihen Sie mir das profane Bild, dass jede Freundschaft ein kleines Ausgleichskonto hat, auf das Sie alle diese Dinge buchen können. Nach meiner Überzeugung gleicht sich dieses Konto bei einer echten Freundschaft mit der Zeit immer aus. Und falls das einmal wirklich nicht der Fall sein sollte, falls dieses kleine Konto einmal in den roten Zahlen bleibt, gibt es das große Ausgleichskonto. Auf dem werden alle kleinen Konten miteinander verrechnet. Und dort, davon bin ich noch mehr überzeugt, hebt sich nun auf alle Fälle alles vollständig auf. Was man vielleicht an einer Stelle draufgezahlt hat, bekommt man an einer andern zurück, nicht nur in Geld. Und unterm Strich ist das für jeden positiv. Das ist das Wesen der Freundschaft und – diesmal Verzeihung für das Pathos – vielleicht auch des Lebens.

LIEGEN LERNEN

»Sobald sich in einem Hotel deutsche Touristen aufhalten, finden sich ab fünf Uhr morgens Handtücher auf den Liegen am Pool. Die Gäste kommen dann viel später, um ›ihre‹ Liege in Beschlag zu nehmen. In der Regel verbietet die Hausordnung das Reservieren, das wird aber nicht beachtet. Dabei hätten viel mehr Gäste etwas davon, wenn die Liegen einfach beim Eintreffen belegt würden. Bei unserem letzten Urlaub haben wir uns zunächst korrekt verhalten und nicht reserviert. Irgendwann haben wir jedoch entnervt aufgegeben und ebenfalls die Handtuchmethode angewandt, weil wir sonst niemals eine Liege ergattert hätten. Erstaunlicherweise wurden unsere Gewissensbisse von Tag zu Tag geringer. Nun fragen wir uns, ob wir moralisch geschädigt aus dem Urlaub zurückgekommen sind?« EDUARD K., ANSBACH

Spricht etwas dagegen, Liegestühle zu reservieren? Ich denke: ja. Und Sie haben selbst die Erklärung dafür geliefert: Ein Handtuch nimmt den Stuhl viel länger in Beschlag als ein Mensch; deshalb reichen die Liegestühle nicht aus, wenn sie vorsorglich für den ganzen Tag belegt werden. Das Reservieren ist also nicht die berechtigte Wahrnehmung eigener Interessen, sondern rücksichtslos. Trotz dieser Erkenntnis schließen Sie sich an – gegen Ihren Willen. Warum? So komisch es klingt, ich fürchte, Sie sind tatsächlich moralisch geschädigt, in gewisser Weise infiziert worden. Und zwar von etwas, was Sie, einem Virus ähnlich, als Wirt zu seiner Verbreitung benutzt: ein Mem, auch »virus of the mind«, also »Virus des Geistes«, genannt.

Die Idee geht zurück auf den Oxforder Evolutionsforscher Richard Dawkins. Ausgehend davon, dass sich mit der Genetik allein nicht alle Phänomene des Lebens, speziell der Kultur, befriedigend erklären lassen, entdeckte er neben den Genen noch eine zweite Form der Information, die sich selbst vervielfältigen kann. Er nannte sie »Meme«. Der Begriff hat inzwischen mit folgender Definition Eingang ins *Oxford Dictionary* gefunden: »Element des Verhaltens oder der Kultur, das durch Imitation oder auf anderem, nicht genetischem Weg weitergegeben wird.« Zum Beispiel Moden, die sich verbreiten, Melodien, die nachgesungen werden, oder, wie in Ihrem Fall, kopierte Verhaltensweisen.

Die Erkenntnis, dass Sie infiziert worden sind, verdanke ich nun allerdings nicht besonderen moralmedizinischdiagnostischen Fähigkeiten, sondern dem Münchner Rechtsphilosophen Lothar Philipps, der während eines Ischia-Urlaubs dieselbe Beobachtung machte wie Sie und als Spezialist für Normen des Alltags darin ein memetisches Verhalten erkannte. Philipps stellte fest, dass sich das Reservierungsmem extrem erfolgreich verbreitet, weil es entgegenstehende Meme, sprich Verhaltensweisen, binnen kürzester Zeit verdrängt; ebenso wie günstige genetische Eigenschaften in einer darwinistischen Selektion weniger günstige verdrängen: Das Reservieren wird nachgeahmt, schließlich sehen sich immer mehr Gäste verleitet, es ebenso zu tun, und am Ende hat sich das Verhalten durchgesetzt.

Diagnostik ist eine Sache, Therapie eine andere. Philipps erwägt, stellvertretend für den Reservierungsanspruch ein Handtuch zu Boden zu schleudern und in bester Rousseauscher Tradition auszurufen: »Hütet euch, auf diese Anmaßung zu hören!« Allerdings sieht er das als hoffnungslos an, weil alle möglichen Zuhörer am Pool einen Platz ergattert und somit von der Methode profitiert haben. Der Protest muss wohl wirklich nicht sein, aber ich stimme ihm zu, dass man notfalls den Konflikt riskieren muss, solange nicht ein dazu berufener Bademeister die ungehemmte Verbreitung der Platzhalter eindämmt, indem er sie einsammelt. Mitmachen scheint mir keine Alternative und hier kann schon die Kenntnis des Krankheitserregers allein zur Immunisierung führen.

Lothar Philipps, Von Menschen und Meme, *zu finden in dem von Siegfried Lamnek und Marie-Theres Tinnefeld herausgegebenen Band* Zeit und kommunikative Rechtskultur in Europa – im Spiegelbild von Deutschen und Polen, *Nomos Verlag, 2000.*

Lothar Philipps, Jean-Jacques Rousseau, ein Memetiker avant la lettre, *in* Das Menschenbild im weltweiten Wandel der Grundrechte, *herausgegeben von Bernd Schünemann, Jörg Paul Müller und Lothar Philipps, Duncker & Humblot Verlag, 2002.*

Richard Dawkins, Das egoistische Gen, *Rowohlt Taschenbuch Verlag, 1996.*

Wer noch tiefer ins Thema eindringen möchte:

Susan Blackmore, Die Macht der Meme oder: Die Evolution von Kultur und Geist, *Spektrum Akademischer Verlag, 2005.*

Kapitel III

Beruf
&
Arbeitsplatz

DER ÜBERNEHMER

»Gegen den Willen meiner Partnerin habe ich Ende letzten Jahres ein akut bedrohtes Unternehmen übernommen, weil ich glaube, es mittelfristig durch hohen Arbeitsaufwand retten zu können. Diese Zeit fehlt mir nun für Partnerschaft und Kinder, was zu immer heftigerem Streit führt. Soll ich also weniger Zeit für mein Unternehmen verwenden, obwohl siebenunddreißig Arbeitsplätze sowie mein eigenes finanzielles Schicksal auf dem Spiel stehen? Oder soll ich weiterhin meine Familie vernachlässigen, mit dem Erfolg, dass ich vielleicht bald keine mehr habe?« GÜNTHER K., MÜNCHEN

Sie befinden sich in einem geradezu klassischen Konflikt zwischen mehreren moralischen Verpflichtungen: Auf der einen Seite sollen Sie sich natürlich um Ihre Familie kümmern. Auf der anderen Seite steht das Überleben Ihrer Firma, an der eine Vielzahl von Schicksalen hängt. Auch hier ist Ihr Handeln gefordert. Versucht man nun, diesen Konflikt mit Hilfe von klassischen Werkzeugen wie der goldenen Regel, dem kategorischen Imperativ oder auch der Frage nach dem größten Glück für alle Beteiligten zu lösen, sieht man schnell: Damit lässt sich nur feststellen, dass bei beidem richtig ist, es zu tun, falsch dagegen, es zu lassen.

Der Hannoveraner Sozialphilosoph Detlef Horster schreibt,

dass die Moralphilosophie in derartigen Fällen keine konkreten Ratschläge geben könne. Sie kann aber helfen, so Horster, mit Hilfe der Betrachtung von Pflichten die Konfliktlinie in der Entscheidungssituation scharf herauszuarbeiten.

Macht man sich daran, so sieht man, dass die Grenze gar nicht zwischen Arbeit und Familie verläuft. Denn zu Ihren Pflichten als Vater gehört nicht nur Zuwendung – sondern auch wirtschaftliche Sicherung. Zugespitzt ausgedrückt: Hartz IV bezeichnet kein familiensoziologisches Ideal. Es spricht also auch aus dieser Warte manches für die Plackerei, doch können die finanziellen Aspekte deshalb keinen generellen Vorrang beanspruchen. Hohes Gewicht hat am Ende der zeitliche Faktor: Es stellt für alle einen Verlust dar, wenn man zu wenig füreinander da ist. So wie Sie es schildern, soll diese Zeit jedoch vorübergehend sein; anders der wirtschaftliche Schaden, der auf Dauer bliebe. Das senkt die Waagschale ziemlich weit zugunsten der Arbeit.

Und dass Sie die Firma gegen den Willen Ihrer Partnerin übernommen haben? Allein zu entscheiden war vielleicht falsch. Sich nun darauf zu berufen wäre es aber ebenso. Es gehört zum Wesen und zu den Chancen einer Partnerschaft, schwierige Situationen gemeinsam zu meistern. Schuldzuweisungen, egal in welche Richtung, helfen nicht weiter.

Detlef Horster, Was soll ich tun? Moral im 21. Jahrhundert, *Reclam, 2004.*

DER PORNO-KOLLEGE

»Als Netzwerkadministrator in einer mittelgroßen Firma bekomme ich genau mit, was die Kollegen im Internet angucken. Eine Betriebsvereinbarung schreibt jedoch vor, dass Missbrauch des Internets nicht ›personalisiert‹ werden darf; Übeltäter bleiben also anonym. Nun lädt ein Abteilungsleiter fast täglich pornografische Daten aus dem Netz. Ich spiele mit dem Gedanken, ihn in einer anonymen Mail aufzufordern, sein Tun zu unterlassen und als Ausgleich fünfhundert Euro an das Sozialwerk des Unternehmens zu spenden. Halten Sie dies für moralisch vertretbar?«

BRUNO K., MÜNCHEN

Was stört Sie am Verhalten des Abteilungsleiters? Das Herunterladen oder die Pornografie? Bei Kindersex oder -pornos gibt es nichts zu diskutieren, aber sonst sehe ich keinen Grund dafür, Sexualität als unmoralisch anzusehen, solange alles – was auch immer – einvernehmlich stattfindet. Im Prinzip würde ich das auch für Pornos gelten lassen. Nicht jeder hat Spaß daran, sich Bilder im Internet anzusehen oder in Heftchen zu blättern; die Freude, die es manchen bereitet, ist aber deren Privatsache. Nachdenken muss man nur darüber, ob Pornografie nicht Menschen auch dann herabwürdigt, wenn sie alles freiwillig mitmachen.

Dass Ihr Delinquent die Arbeitszeit zum privaten Vergnügen nutzt, ist zwar nicht richtig, doch ist dieser Fall in der Betriebsvereinbarung klar geregelt: Missbrauch des Internets darf nicht geahndet werden. Sie müssen sich klarmachen, dass Sie in Ihrer Funktion als Netzwerkadministrator kein privater Moralinspektor, sondern Vertreter des Arbeitgebers sind und deshalb an diese Bestimmung gebunden. Schon dass Sie so genau wissen, wer was herunterlädt, ist eine Personalisierung und deshalb falsch. Die anonyme Mail wäre es erst recht.

Doch sind all diese Überlegungen unerheblich angesichts der Idee mit den fünfhundert Euro: Das ist schlichtweg eine moralische Katastrophe. Ihr Vorhaben läuft auf eine Erpressung hinaus, die weder durch die Verfehlung des Kollegen noch durch den guten Zweck zu rechtfertigen ist. Was glauben Sie, wer Sie sind? Ein Batman des Netzes, der unerkannt für das Gute kämpft? Mit dieser verkappten Strafaktion gebaren Sie sich als Ermittler, Ankläger, Richter und Vollstrecker in einer Person. Mit Ihren eigenen Gesetzen. Das ist völlig indiskutabel.

DESPOT OHNE BAD

»Ein Freund von mir arbeitet in einem Handwerksbetrieb, der einen Auftrag von einem despotischen, von manchen sogar als terroristisch bezeichneten Staatspräsidenten angenommen hat. Es geht um Umbauten an der luxuriösen Privatvilla dieses Präsidenten. Gibt es eine moralische Verpflichtung, als Mitarbeiter zwar nicht vor Ort, aber als trotzdem entfernt Beteiligter seine Arbeitskraft zu verweigern – vielleicht auch mit der Gefahr, dadurch den Job zu verlieren?«

STEFAN S., GÜTERSLOH

Es gibt eine ganze Reihe von Gründen, die dagegen sprechen, für einen Despoten zu arbeiten. Viele ergeben sich, wenn man die Auswirkungen bedenkt: Betreffen die Arbeiten die Zentrale der Geheimpolizei, wirkt man bei der Unterdrückung der Bevölkerung mit. Bei Zusammenarbeit mit der Wirtschaft und der Industrie stützt man direkt oder indirekt das profitierende Regime. Und jede Arbeit, die der Rüstung oder Produktion von Waffen, vor allem chemischer oder biologischer Art, dienen kann, ist keinesfalls zu rechtfertigen.

Die negativen Folgen des Handelns sind allerdings gering, wenn nur ein Mosaikboden im Badezimmer des Präsidenten verlegt wird – man kann kaum annehmen, dass der Despot sein Land nach einem erholsamen Bad in behaglicher Umgebung effektiver unter die Knute zwingt, als er es vorher bereits getan hat. Trotzdem wird man es nicht als gute Tat ansehen können, das Leben eines solchen Menschen angenehmer zu machen. Und es bleibt das Problem, woher das Geld kommt, mit dem die goldenen Wasserhähne bezahlt werden. Bei einem diktatorischen Herrscher darf man annehmen, dass daran, bildlich gesprochen, Blut klebt. Mag Geld auch angeblich nicht stinken, behält es doch diesen Makel.

Auf der anderen Seite hat Ihr Freund eine Verantwortung gegenüber seiner Familie, die er mit seiner Arbeit ernährt, und darf seinen Job nicht einfach aufs Spiel setzen. Auch das ist eine moralische Pflicht, aber natürlich kein Freibrief für Handlungen, die eindeutig falsch sind, weil sie zum Beispiel ein verbrecherisches Regime unterstützen. Deshalb bleibt der Fall Ihres Freundes am Ende eine Gewissensfrage, die er nur selbst entscheiden kann. Persönlich würde ich nicht für einen Diktator arbeiten wollen. Ich vermag aber, wenn die Arbeit nicht unterstützend ist, keine zwingenden moralischen Gründe zu erkennen, die es eindeutig verbieten.

EINE ÜBERDOSIS VITAMINE

»Ich bin im Management eines großen Medienunternehmens tätig. Seit einigen Wochen habe ich einen neuen Kollegen, der seinen Posten nur dank ›Vitamin B‹ erhalten hat. Der Mann ist nicht unsympathisch, aber schwer überfordert – was bisher niemand so deutlich gemerkt hat wie ich, auch weil ich einige seiner Fehler ausbügeln musste. Nun weiß ich nicht weiter: Soll ich darauf hoffen, dass sich alles irgendwie einspielen wird? Oder soll ich meinen Chef von der Unfähigkeit des Mannes in Kenntnis setzen?« BERND P., MÜNCHEN

Bei der ganzen Sache haben Sie nicht wirklich die Glückskarte gezogen. Es gibt ein Problem: Ein Mitarbeiter sitzt auf einem Posten, dem er nicht gewachsen ist. Es gibt drei Beteiligte: Sie, Ihren Arbeitgeber und Herrn »Vitamin B«. Davon sind zwei Verursacher des Problems: Herr B, der seine Kontakte benutzt, und Ihr Chef, der einen Mitarbeiter nur deswegen einstellt. Die Folgen der Situation tragen aber allein Sie, der Sie jetzt mehr leisten müssen, um die Fehler auszubügeln. Die beiden anderen profitieren sogar. Ihr Chef hat keinen Ärger und Ihr Kollege den Posten. Und zu allem Überfluss haben Sie als Einziger jetzt auch noch Gewissensprobleme.

Dabei ist die Lösung ganz einfach. Der neue Mann, mag er auch sympathisch sein, hat sich Ihre Loyalität noch nicht verdient. Ihr Arbeitgeber, der Sie beschäftigt und bezahlt, dagegen schon. Gefühlsmäßig neigen Sie offensichtlich zu einer quasi automatischen Loyalität gegenüber Kollegen; das ist ehrenhaft, aber nicht angebracht. Andererseits muss Herr B in seinen neuen Posten vielleicht wirklich noch hineinwachsen und hat, wie jeder, eine Chance verdient. Sie machen deshalb im Augenblick alles richtig, wenn Sie die Fehler stillschweigend ausbügeln. Sobald sich allerdings abzeichnet, dass auch die Zeit und Ihre Unterstützung den Neuen nicht voranbringen, müssen Sie handeln. Herrn B einfach »auflaufen« lassen können Sie nicht, wenn dabei Schaden entsteht, also müssen Sie Ihren Chef informieren. Auch er hat die Chance verdient, seinen Fehler zu korrigieren. Warten Sie aber nicht zu lange, sonst glaubt man Ihnen angesichts der bis dahin »tadellosen« Leistungen des Protegés nicht mehr – oder unterstellt Ihnen gar eine Intrige.

Lassen Sie sich vom Arzt sagen: Vitamine sind lebensnotwendig, aber zu viel davon kann schädlich sein. Passen Sie auf, nicht an der Vitamin-B-Überdosierung Ihres Kollegen zu erkranken.

GOTTLOSES TUN

»Seit Anfang des Jahres arbeite ich bei einem Unternehmen, das der evangelischen Kirche gehört. Meinen Arbeitgeber störte es bei meiner Einstellung nicht, dass ich schon seit Jahren aus der Kirche ausgetreten bin, also keine Kirchensteuer zahle; auch in Zukunft will ich das eigentlich nicht tun. Inzwischen plagen mich aber Gewissensbisse, da ich mich frage, ob mein Verhalten verlogen oder gar moralisch verwerflich ist. Was sagen Sie dazu?« DIETRICH E., BERLIN

Meines Erachtens muss man verschiedene Aspekte unterscheiden: Ihren Austritt aus der Kirche, die Tatsache, dass Sie trotzdem bei einem kirchlichen Unternehmen arbeiten und schließlich die Frage, ob Sie jetzt wieder eintreten sollten.

Ihr Kirchenaustritt ist moralisch nicht verwerflich. Wenn Sie den Glauben, der im Mittelpunkt der Kirche steht, nicht oder nicht mehr haben, ist er im Gegenteil sogar konsequent. Und ob Sie ihn haben, ist eben eine Glaubens- und keine Moralfrage. Anders wäre es freilich, wenn allein das Sparen der Kirchensteuer treibendes Moment war, denn dabei übersieht man leicht die sozialen Leistungen der Kirche. Ohnehin wäre es eine Überlegung wert, ob Sie nicht einen entsprechenden Betrag anderen wohltätigen Zwecken zuwenden wollen.

Ihr Hauptbedenken dürfte aber sein, ob es richtig ist, sich

von der Kirche anstellen zu lassen, nachdem Sie ihr den Rücken gekehrt haben. Auch hier bin ich der Meinung, dass man Ihnen nichts vorwerfen kann – allerdings vorausgesetzt, dass Sie nicht als Seelsorger oder auf andere Art und Weise in der Glaubensvermittlung beschäftigt sind. Vermutlich wäre Ihrem Arbeitgeber dann doch an Ihrer Kirchenmitgliedschaft gelegen und ich sähe auch tatsächlich ein Problem. Weniger, weil Sie sich auf die Gehaltsliste haben setzen lassen, mehr, weil Sie eine mit dem Glauben verbundene Aufgabe übernahmen, ohne hinter diesem zu stehen, und das wäre falsch.

Diese Probleme fallen weg, wenn Sie in einem Unternehmen arbeiten, das wenig oder nichts mit Glaubenstendenzen zu tun hat und lediglich der Kirche gehört. Hier könnte allenfalls Ihr Arbeitgeber Bedenken äußern. Wenn er das nicht tut, müssen auch Sie sich keine Gedanken machen. Bei der evangelischen Kirche passt das Sprichwort zwar nicht so ganz, aber Sie müssen nicht päpstlicher sein als der Papst. Und was einen Wiedereintritt angeht: Entscheidend muss der Glaube sein, nicht die Solidarität mit Ihrem Arbeitgeber oder gar der Wunsch, diesem zu gefallen.

WIESN VERMIESEN

»In unserer Firma ist es seit Jahren üblich, dass die Mitarbeiter ›Wiesnmarken‹ bekommen. Dieses Jahr hat die Geschäftsleitung beschlossen, keine Marken auszugeben, sondern das Geld für einen guten Zweck zu spenden. Natürlich gibt es viele, die das Geld dringender brauchen, aber dank dieser Gutscheine sind wir immer gern mit unseren Familien aufs Oktoberfest gegangen, was ohne die Marken schwieriger ist. Man kann ja kaum gegen eine Spende sein, es ärgert mich aber trotzdem. Ist das falsch?« GREGOR P., MÜNCHEN

Das Verhalten Ihres Arbeitgebers überzeugt mich nicht. Natürlich ist es richtig, sich finanziell für soziale Zwecke zu engagieren. Auch liegt es in der Natur der Sache, dass man selbst auf etwas verzichten muss, wenn man gibt. Hier sieht es jedoch anders aus. Ihr Betrieb wendet immer den gleichen Betrag auf. Bisher haben Sie etwas bekommen, dieses Jahr aber die gemeinnützige Vereinigung. Für Ihren Chef ist das unter dem Strich gleich. Zwar ist es in erster Linie Sache desjenigen, der das Geld gibt, zu bestimmen, wohin es geht. In dieser Konstellation bekommt das Ganze aber eine eigenartige Note. Den Spender kostet die Spende nichts, sondern Sie. Und trotzdem kommt er vielleicht sogar noch mit einem Bild in die Zeitung, auf dem er den Scheck überreicht.

Ob Sie einen Rechtsanspruch haben, ist eine Frage für Arbeitsrechtler, während es hier ja um die moralische Seite gehen soll. Vielleicht dürfte Ihr Boss juristisch das Geld auch einfach behalten. Wenn es kritisch um den Betrieb steht, könnte das sogar sinnvoll sein. (Obwohl es schon eine besondere Situation sein muss, die mit dem Gegenwert von einem halben Hendl und zwei Mass Bier in den Griff zu bekommen ist.) Indem er aber genau diesen Betrag »statt der Wiesnmarken« spenden will, zeigt er, dass der Betrag eigentlich schon für die Gutscheine bestimmt war. Wenn Ihr Chef das Bedürfnis hat zu spenden, soll er das tun. Wenn er der Meinung ist, Sie alle sollen dazu beitragen, dann soll er Ihnen das sagen und Sie fragen. Er könnte Ihnen die Zustimmung ja schmackhaft machen, indem er noch etwas drauflegt. So ohne alles ist es jedenfalls nicht in Ordnung. Allerdings: Ob Sie aus moralischer Sicht etwas anderes tun könnten, als zuzustimmen, ist eine andere Frage.

Kapitel IV

Straße & Schiene

WEG MIT DEM DRECK

»Ich fahre häufig mit dem Rad zur Arbeit und stelle es auf einem öffentlichen Platz ab. Leider ist dort kein Abfalleimer und so finde ich nach Feierabend in meinem Fahrradkorb oft allen möglichen Dreck, von benutzten Taschentüchern bis zu verschmierten Pommesschalen. Da ich aber auch nicht weiß, wohin damit, und außerdem den Korb für meine Tasche brauche, werfe ich das Zeug auf den Boden. Dabei fühle ich mich lediglich als ›verlängerter Arm‹ meiner Mitmenschen. Andererseits plagt mich das schlechte Gewissen. Bin ich selbst für den Abfall verantwortlich? Muss ich einen Papierkorb suchen und den Müll ordnungsgemäß entsorgen?«

KATHARINA U., KÖLN

Als ob das nicht jeder Radfahrer kennen würde, mit oder ohne Korb. Deshalb will ich es hier klar und deutlich sagen (auch wenn ich fest darauf vertraue, dass die Leser dieser Kolumne niemals auf die Idee kämen, fremden Leuten Abfälle unterzujubeln): Man entsorgt seinen Dreck nicht bei anderen!

Doch bei Ihnen haben die Nichtleser ihr schändliches Tun bereits vollbracht. Es geht deshalb nicht mehr um die Frage, wie zu agieren wäre, sondern wie zu reagieren ist. Eine befreundete Anwältin hat dieses Problem auch häufig und sie löst es genauso wie Sie, sogar mit ähnlicher Begründung: Sie sieht sich nur die Tat des Fremden vollenden. Denn dessen Wurf, so die Meinung der Expertin, wurde vom Fahrradkorb lediglich dank einer ungenehmigten, damit widerrechtlichen und somit aus Rechtsgründen hinwegzudenkenden Umwidmung zum Abfallkorb unterbrochen. Und da sie nicht einverstanden ist mit dem Missbrauch ihres Fahrrads, zieht sie es gedanklich in der letzten Sekunde unter dem fallenden Kehricht weg.

Nun sind Juristen sehr geübt im Hinzu- und Wegdenken von Ereignissen, Handlungen und Unterlassungen. Sie kommen damit auch meist zu rechtlich befriedigenden Lösungen. Aber taugt diese Methode auch bei moralischen Fragen? Die einzigen hier passenden Überlegungen sind doch: Was tun Sie? Und: Ist das richtig? Das Erste ist klar: Sie werfen Müll auf den Boden. Und damit doch auch das Zweite: Das ist nicht richtig. Denn egal aus welchem Grund es geschieht, das Ergebnis ist Abfall auf der Straße. Dort gehört er aber nicht hin. Und überhaupt: Wieso glauben Sie, im Recht zu sein, wenn Sie als verlängerter Arm eines Umweltsünders handeln?

BAHN FREI

»Meine Frau und ich sind kürzlich mit der Bahn gereist und haben dafür das Bayern-Ticket benutzt. Damit dürfen gemeinsam bis zu fünf Personen fahren, die nicht verwandt sein müssen. Auf dem Bahnsteig fragte uns eine Studentin, ob wir mit dem Bayern-Ticket unterwegs seien, ob sie darauf mitfahren dürfe und was wir als Kostenbeteiligung verlangten. Wir haben sie mitgenommen, natürlich ohne Kostenbeteiligung. War das richtig oder wird so die Bahn geschädigt, die eine Fahrkarte weniger verkauft?« GÜNTER A., GRUNWALD

Ihre Bedenken kann ich verstehen. Mehrere Leute, von denen jeder eine Fahrkarte braucht, gehen zum Bahnhof. Nur weil sie sich auf dem Bahnsteig absprechen, reicht plötzlich eine Karte und die Bahn hat das Nachsehen. Das klingt doch sehr nach Konspiration und dass daraus etwas Rechtmäßiges entsteht, scheint kaum vorstellbar. Jedoch, auch wenn Sie hier nur selten moralische Unbedenklichkeitsbescheinigungen bekommen, muss ich in diesem Fall sagen: Ihr Verhalten war völlig in Ordnung.

Sie schreiben ganz richtig, dass mit dem Bayern-Ticket (ebenso mit dem Schönes-Wochenende-Ticket und ähnlichen vergleichbaren Angeboten) bis zu fünf Personen gemeinsam reisen können, auch wenn sie nicht zu einer Familie gehören. Dabei gibt es eine Einschränkung: »Bei gemeinsam reisenden Personen ist die Erweiterung der Gruppengröße nach Fahrtantritt nicht zugelassen.« Dieser Satz findet sich in den offiziellen Tarifbestimmungen und man könnte natürlich darüber streiten, ob derartige Klauseln neben einer rechtlichen auch eine moralische Konsequenz haben. Aber schließlich müssen der Geltung einer Fahrkarte nun einmal Regelungen zu Grunde liegen. Und da es nach ebendiesen Regeln nur untersagt ist, nach Beginn der Fahrt weitere Reisende in die »Gruppe« aufzunehmen, dürfen Sie das vorher, am Bahnsteig, tun. Oder, wie ein Bahnmitarbeiter sagt: »Was die Leute außerhalb des Zuges tun, ist deren Sache, nicht unsere.« Hier wäre eine sinnvolle Abgrenzung auch kaum möglich. Wie lange und wie eng müsste man sich kennen, um eine »echte Gruppe« zu sein? Wie sollte das überprüft werden? Von einem Milliardenunternehmen wie der Bahn kann man erwarten, dass es sich Gedanken darüber macht, ob und zu welchen Bedingungen es ein Angebot auf den Markt bringt. Dann müssen Sie sicher kein schlechtes Gewissen haben, wenn Sie nach diesen Bedingungen handeln.

Die Tarifbestimmungen für Aktionsangebote sind Teil der Beförderungsbedingungen der Deutschen Bahn AG (Gesamtausgabe). *Download auf www.bahn.de.*

HOPP ODER STOPP?

»Ich frage mich im Straßenverkehr immer wieder, ob ich anhalten darf, um ein anderes Fahrzeug auf meine vorfahrtberechtigte Straße einbiegen zu lassen, auch wenn ich damit die fünf Wagen hinter mir zum Halten nötige und meine Hintermänner an der nächsten Ampel so vielleicht nicht mehr bei Grün mitkommen. Rechtfertigt die freundliche Geste gegenüber dem Einbiegenden diese Konsequenzen?«

MIRKO K., MÜNCHEN

Auf manche Kolumnen bekomme ich viele Leserbriefe mit dem Tenor: »Solche Sorgen möchte ich haben!« Auch wenn das diesmal wieder droht: Ich finde Ihre Frage interessant; an ihr zeigen sich die Unterschiede zweier ethischer Theorien.

Der in den angloamerikanischen Ländern sehr verbreitete Utilitarismus bemisst die moralische Qualität einer Handlung nach ihren Folgen, also dem Beitrag zum allgemeinen Wohlergehen. Vereinfacht kann man nach der Formel »Das größte Glück der größten Anzahl Menschen« berechnen, ob eine Handlung gut oder schlecht ist. Geht man nun davon aus, dass das Vorankommen im Auto Lust erzeugt und das Stehen Unlust, ist Ihre Geste moralisch nicht vertretbar. Denn dem Lustgewinn des Hereingewinkten steht eine jeweils genauso große Unlust bei den Hintermännern gegenüber, welche dann in der Summe überwiegt. Doch lässt dies die Beweggründe des Tuns außer Acht, was einer der Hauptkritikpunkte am Utilitarismus ist. Denn eine Handlung aus eiskaltem Kalkül kann danach gut sein, wenn sie nur einen Gesamtnutzen bringt.

Dem tritt die Tugendethik entgegen, die auf Aristoteles zurückgeht. Ihm ging es um die Kultivierung des Charakters durch tugendhafte Handlungen. Diese sind die jeweils sprichwörtlich aristotelische Mitte zwischen schlechten Extremen. Nun kommt das Autofahren bei Aristoteles nicht vor, aber beim Umgang mit Besitz und Geld sieht er zum Beispiel großzügige Freigiebigkeit als tugendhaft an, den Mittelweg zwischen Kleinlichkeit und Verschwendung. Und so wage ich zu behaupten, dass der Verzicht auf die eigene Vorfahrt im aristotelischen Sinne tugendhaft ist, solange Sie ihn nicht jedes Mal oder mittels einer Vollbremsung üben. Denn ein rollendes Stoppschild auf einer Vorfahrtsstraße wäre nicht nur gefährlich, sondern auch ein Extrem und damit schlecht.

Aristoteles, Die Nikomachische Ethik, *Deutscher Taschenbuch Verlag, 1991.*
Einen guten Überblick über ethische Theorien im Vergleich bietet Herlinde Pauer-Studer, Einführung in die Ethik, *WUV UTB, 2003.*

KANT AN DER BAHNSTEIGKANTE

»Als umweltbewusster Bürger fahre ich täglich mit der S- und U-Bahn zur Arbeit. Beim Umsteigen am Marienplatz werde ich meist durch Lautsprecheransagen aufgefordert, bitte an allen Türen zuzusteigen. Ich kann aber doch nur bei einer zusteigen! Verhalte ich mich da korrekt, oder soll ich wieder aus- und an einer weiteren Tür erneut einsteigen, um der Aufforderung des Ansagers gerecht zu werden?«

ARNDT K., MÜNCHEN

»Den Anweisungen des Personals ist Folge zu leisten.« Dieser Grundsatz ordentlichen Fahrgastverhaltens hat sich offensichtlich in Ihrem Kopf festgesetzt, und Sie fragen sich nun, ob es richtig sein kann, sich in dieser Hinsicht, statt gleichzeitig zuzusteigen, zeitgleich stur zu zeigen. Man könnte nun argumentieren, dass sich die Ansage an eine Mehrzahl von Personen richtet, die sich eben verteilen sollen. Andererseits ist man jedoch gehalten, sich beim richtigen Verhalten nicht auf andere zu verlassen, sondern im Sinne Kants so zu handeln, dass die Maxime allgemeines Gesetz sein könnte. Und die Maxime, an allen Türen gleichzeitig zuzusteigen, stellt den Normalbürger vor ein ernsthaftes Problem.

Dieses liegt in einem altbekannten Phänomen: der Bilokation. Damit bezeichnet man die Fähigkeit, an zwei Orten gleichzeitig zu sein, klassischerweise bei Heiligen auftretend. Fraglich ist allerdings, ob Sie die Bilokation erlernen sollten, nur um den Aufforderungen des MVV Genüge zu tun. Neben dem mirakulösen Vorkommen war sie nämlich schon in der Antike als eines der Kennzeichen von Hexen bekannt. Und deren Schicksal, besonders das häufig sehr unschöne Ende auf dem Scheiterhaufen, wirkt doch eher abschreckend.

Ähnlich schlecht geht es einem weiteren Lebewesen, das den Aufenthalt an mehreren Orten erklären soll: Schrödingers Katze. Um zu verdeutlichen, wie sich Quanten an keinem bestimmten Ort und somit an mehreren befinden können, sperrte der Physiker seine Katze (gedanklich!) in eine Kammer, in der mit einer Wahrscheinlichkeit von fünfzig Prozent eine radioaktive Substanz zerfällt und dabei das Tier mittels Giftgas tötet. Solange niemand in die Kammer sieht, ist die Katze weder tot noch lebendig, sondern in einem Überlagerungszustand aus beidem. Schaut man jedoch nach, kann sie allein dieser Blick ins Jenseits befördern.

Die Anweisung scheint also mit erheblichen Risiken verbunden zu sein. Steigen Sie deshalb lieber nur an einer einzigen Tür zu, dafür aber an einer, an der niemand anders ansteht.

John Gribbin, Auf der Suche nach Schrödingers Katze. Quantenphysik und Wirklichkeit. *Piper Verlag, 2004.*
Eine besonders anschauliche und unterhaltsame Einführung in die Physik bietet: Edgar Lüscher, Moderne Physik, *Piper Verlag, 1987. Das Buch ist leider vergriffen, aber antiquarisch erhältlich.*

Die Entwicklungsgeschichte der Atomphysik – und das akademische und sonstige Leben im Zwischenkriegs-München – kann man packend miterleben bei: Werner Heisenberg, Der Teil und das Ganze, *Piper Verlag, 2001.*

DIE PARK-SÜNDERIN

»Die Parkplatznot in Schwabing ist bekanntermaßen groß. Bis vor kurzem hatte ich keine Garage und musste Abend für Abend ›Runden drehen‹, um einen Parkplatz zu finden. Aufgeregt habe ich mich auch darüber, dass sicher einige glückliche Garagenbesitzer aus Bequemlichkeit auf der Straße parken. Vor einem halben Jahr habe auch ich endlich einen Garagenstellplatz gefunden, der zirka fünf Minuten von der Wohnung entfernt liegt. Wenn nun allerdings ein Platz direkt vor der Haustür frei ist, stelle ich dort mein Auto ab. Muss ich ein schlechtes Gewissen haben?«

ISABELL W., MÜNCHEN

Wo liegt das Problem?, möchte man mal wieder fragen. Da ist ein freier Parkplatz, und da sind Sie, die Sie mit Ihrem Auto kommen. Alles, was Sie tun: Sie stellen Ihr Auto auf diesem freien Parkplatz ab. Daran ist formal weiter nichts verwerflich. Ihr Auto hat sich doch auch in keiner Weise verändert dadurch, dass Sie jetzt zwei Blocks weiter eine Garage haben. Es ist nicht weniger wert oder gebrandmarkt durch diesen Umstand. Sie zahlen genauso viel Kfz-Steuern und haben das gleiche Recht, den öffentlichen Raum zu nutzen wie vorher.

Und trotzdem bleibt ein schaler Nachgeschmack. Sie fragen sich nicht von ungefähr, ob Sie ein schlechtes Gewissen haben müssen. Das könnte damit zusammenhängen, dass Parkplätze in Schwabing so rar sind wie Wasser in der Wüste. Irgendwie ist Ihr Verhalten verschwenderisch, nicht eben der richtige Umgang mit knappen Gütern. Sie würden ja auch nie in der Sahara neben einem Durstenden duschen.

Ganz vergleichbar ist das natürlich nicht. Deshalb bleibt die Frage: Wie weit geht die Solidarität Ihren Mitmenschen gegenüber? Dürfen Sie jetzt wegen der Nöte Ihrer früheren Mitrundendreher und Leidensgenossen keinen Parkraum mehr beanspruchen? An dieser Stelle beweist eine einfache Regel, dass sie zu Recht »golden« heißt, weil sie eine Antwort bereitstellt: »Was du nicht willst, dass man dir tu, das füg auch keinem andern zu«. Mit anderen Worten: Sie sollten das tun, was Sie von anderen in dieser Situation erwarten. Und wie das aussieht, haben Sie ja schon geschildert: Früher haben Sie sich darüber geärgert, wenn jemand trotz Stellplatz auf der Straße geparkt hat; dann können Sie es jetzt kaum selber machen.

Passend wäre hier auch die positiv formulierte Textstelle im Matthäus-Evangelium, Kapitel 7, Vers 12: »Alles, was ihr also von anderen erwartet, das tut auch ihnen! Darin besteht das Gesetz und die Propheten.« Nachzulesen zum Beispiel in der Einheitsübersetzung der Bibel, *Herder Verlag, 2003.*

FIT MIT ÖSI-SPRIT

»Ich fahre täglich auf bayerischen Straßen zu meinem Arbeitsplatz an der österreichischen Grenze. Im Nachbarland ist der Sprit um gut zwanzig Cent billiger und einmal pro Woche tanke ich mit Benzin aus Österreich mein Auto voll. So zahle ich keine Ökosteuer und wohl auch weniger Mineralölsteuer, belaste aber die einheimische Umwelt und sehe, wie bei uns die grenznahen Tankstellen an den Verlusten leiden. Andererseits ist die Grenze offen, und es gibt keine Vorschrift, die das Tanken von teurem deutschen Sprit gebietet. Ist es richtig, was ich tue?« JOSEF P., DEGGENDORF

An manchen Tagen wünsche ich mir, es gäbe eine Gewissensfragerückfrageinstanz, vielleicht bei der UNO, beim Vatikan oder beim Dalai-Lama. Da könnte ich anrufen und hinterher sagen: Die WGO – Weltgewissensfragenorganisation – hat wie folgt entschieden. Da es das nicht gibt, stehe ich vor einem Problem. Denn Ihre Argumente gegen den Spritttourismus sind durchaus überzeugend. Es ist sinnvoll, wenn die Steuern dem Land zukommen, dessen Straßen Sie benutzen. Bei der deutschen Ökosteuer geht es sogar noch weiter, mit deren Einnahmen soll das hiesige Rentensystem entlastet werden. Davon profitieren Sie genauso wie derjenige, der die Steuer brav entrichtet. Sich davor zu drücken, ist also nicht gut.

Auf der anderen Seite geht mir das zu weit. Ich bin der Meinung, dass man im Hinblick auf Steuern nicht mehr verlangen kann, als ehrlich zu sein und sie in dem Umfang zu bezahlen, in dem sie den Gesetzen nach anfallen. Zu erwarten, dass man aus allgemeinen Erwägungen von Zeit zu Zeit etwas in die Spendendose »Für den Finanzminister« steckt, wäre nicht nur weltfremd, ich kann auch keine Begründung dafür finden. Denn Benzin wird nun mal am Ort des Kaufs besteuert und nicht am Ort des Verbrauchs. Das kann der Gesetzgeber auch anders handhaben, zum Beispiel mit einer Maut – so etwas hat er aber bisher nicht getan. Falsch wäre allein, wenn Sie zum Tanken extra weit führen und damit die Umwelt zusätzlich belasteten.

Die Verluste an deutschen Zapfsäulen sind sicherlich schmerzhaft. Alle grenznahen Tankstellenbetreiber kennen dieses Phänomen aber auch in umgekehrter Richtung: Bis zu den Steuererhöhungen in Deutschland gab es Tanktourismus aus den Nachbarländern und vielleicht wird das in Zukunft wieder so sein.

RADLOS IM KELLER

»Seit fünf Jahren wohne ich in einem Mietshaus. Die ganze Zeit über steht ein Fahrrad ungenutzt im Keller. Inzwischen haben alle Mieter gewechselt – außer mir und zwei anderen, von denen ich weiß, dass ihnen das Rad nicht gehört. Nun dachte ich, dass ich es wieder fahrtüchtig machen und für zwei bis drei Monate nutzen kann, ohne es mir ganz anzueignen. Wäre das Ihrer Meinung nach statthaft?«

RAFAEL T., MÜNCHEN

Ihre Frage würde sich gut als Strafrechtsklausur eignen: Ob Sie sich das Fahrrad wohl »aneignen« würden und den bisherigen Eigentümer »enteignen«, ob Sie dabei »Zueignungsvorsatz« hätten oder ob ein nur vorübergehender Gebrauch »gegen den Willen des Berechtigten« geschähe. Die Beurteilung hinge vor allem von zwei Fragen ab: Ist das »Nutzen« nur vorübergehend? Und stört das den wirklichen Eigentümer?

Ganz lässt sich das nicht trennen, aber hier geht es weniger um rechtliche als um ethische Aspekte – wie sollen Sie sich in dieser Hinsicht verhalten? Am liebsten würde ich sagen: Lassen Sie die Finger davon! Sie wissen nicht genau, wem das Fahrrad gehört, aber eines gewiss: Ihnen nicht! Und eine Zeit von »zwei bis drei Monaten« ist vor diesem Hintergrund nicht gerade kurz.

Andererseits hat niemand etwas davon, wenn ein Fahrrad im Keller verrottet, bis irgendwann einmal Ihre Urenkel endlich guten Gewissens ein Häufchen Rost entsorgen dürfen, weil der Letzte, der Auskunft über die wahren Eigentumsverhältnisse hätte geben können, viele Jahre zuvor gestorben ist. Wenn Sie eine praktikable Lösung wollen, müssen Sie genau auf diesem Gebiet tätig werden – auf dem der Eigentümer-Ermittlung, nicht der Beseitigung verbliebener Zeugen. Keinesfalls reicht es aus festzustellen, dass das Fahrrad keinem der derzeitigen Mieter gehört. Als Mindestes müssten Sie diese und den Hausmeister fragen, was sie über das Rad wissen; vor allem aber die Hausverwaltung kontaktieren, ob sie etwas dagegen hat, wenn Sie es sich nehmen. Und ich finde, Sie sollten auch – soweit machbar – versuchen, mit ausgezogenen Bewohnern in Verbindung zu treten.

Vielleicht erscheint Ihnen das zu umständlich. Aber Sie wollen sich hier nun einmal etwas Fremdes nehmen. Dabei müssen Sie die Rechtsordnung achten und nötigenfalls auch Aufwand treiben. Als Alternative haben Sie immer noch den regulären Weg ins Fahrradgeschäft. Schnell, einfach, klar und sogar mit Garantie.

§ 242 StGB Diebstahl

(1) Wer eine fremde bewegliche Sache einem anderen in der Absicht wegnimmt, die Sache sich oder einem Dritten rechtswidrig zuzueignen, wird mit Freiheitsstrafe bis zu fünf Jahren oder mit Geldstrafe bestraft.

§ 248b StGB Unbefugter Gebrauch eines Fahrzeugs
(1) Wer ein Kraftfahrzeug oder ein Fahrrad gegen den Willen des Berechtigten in Gebrauch nimmt, wird mit Freiheitsstrafe bis zu drei Jahren oder mit Geldstrafe bestraft, wenn die Tat nicht in anderen Vorschriften mit schwererer Strafe bedroht ist.

EIN ZUG NACH NIRGENDWO

»Kürzlich habe ich, als ich am Bahnsteig auf meinen Zug wartete, mitbekommen, wie sich ein Pärchen über seine bevorstehende Fahrt nach Frankfurt unterhielt. Vermutlich hatten die beiden die Durchsage überhört, dass der Zug nach Frankfurt an diesem Tag ausnahmsweise auf einem anderen Gleis abfuhr, jedenfalls stiegen sie kurz darauf in den Zug nach Berlin. Obwohl man vermuten konnte, dass sie das nicht wollten, sagte ich nichts. Habe ich mich damit moralisch schuldig gemacht?« CHRISTIAN D., MÜNCHEN

Dieser Fall ist ein Musterbeispiel dafür, wie, je nach Fragestellung, die Antwort prima vista unterschiedlich ausfallen kann, auch wenn ihr derselbe Inhalt zu Grunde liegt. Meine Antwort darauf, ob Sie sich »schuldig gemacht« haben, ist zwar ein leicht zögerliches Nein, aber sie ist eben doch Nein. Hätten Sie mich dagegen gefragt, was ich Ihnen in so einem Fall empfehle zu tun, wäre der Rat ganz klar: Sprechen Sie die Leute an, und weisen Sie sie auf den möglichen Irrtum hin. Das mag verworren oder unschlüssig klingen, ist es aber nicht. Denn Ihr Problem liegt meines Erachtens so, dass die eine Handlungsmöglichkeit zwar die bessere ist, die andere aber nicht vorwerfbar falsch.

Sie haben bemerkt, dass anderen wohl ein Fehler unterläuft. Sie hätten die Möglichkeit gehabt, dem Paar auf dem Bahnsteig ohne größeren Einsatz Ihrerseits zu helfen und den beiden vielleicht Unannehmlichkeiten zu ersparen. Da man innerhalb einer Gesellschaft auch Verantwortung für die Mitmenschen hat, wäre ein Handeln eigentlich geboten gewesen. Auf der anderen Seite hieße das aber, Ihnen einen Vorwurf daraus machen zu wollen, dass Sie nicht durch die Welt laufen und Ihre Mitmenschen ungefragt darauf hinweisen, was sie – aus Ihrer Sicht – alles falsch machen. Sich so zu verhalten, kann wiederum keine absolute moralische Forderung sein.

Vorwerfbar und damit schuldbegründend ist ein Unterlassen nur dann, wenn man verpflichtet war zu handeln. Ich bin der Meinung, dass es sehr nett von Ihnen gewesen wäre, die beiden auf ihren Irrtum hinzuweisen, aber eine strikte Pflicht kann ich eben nicht begründen. Ihr Verhalten bietet deshalb meiner Meinung nach keine ausreichende Grundlage zu behaupten, Sie hätten sich »schuldig gemacht«. Anders läge die Sache freilich, wenn Sie aus Schadenfreude nichts gesagt hätten.

ALLZEIT BREIT

»Neulich waren wir in einer Gruppe mit zwei Autos in den Bergen unterwegs. Die Parkplätze sind dort oft sehr klein und auf jenem, den wir ansteuerten, waren nur noch zwei Stellplätze frei, welche wir beide belegt haben. Wir hätten uns jedoch auch auf einen Stellplatz hintereinander stellen können. Dann wäre zwar eines von unseren Autos zugeparkt gewesen, aber der zweite Platz wäre frei geblieben. Hätten wir dies machen sollen, oder würde das zu weit führen?«

ROLAND M., MÜNCHEN

Da Sie nichts weiter dazu schreiben, gehe ich davon aus, dass Sie auch wieder gemeinsam nach Hause gefahren sind, also nicht einer früher weg wollte als der andere. Dann ist die Frage eindeutig zu beantworten: Ja! Sie hätten sich hintereinander stellen sollen, das geht keinesfalls zu weit. Schon so eine klare Antwort geben zu können, ist erfreulich, vor allem aber gibt es mir die Möglichkeit, ein Anliegen loszuwerden.

Die Antwort wäre bereits nach der vertrauten Goldenen Regel klar: Sie freuen sich doch auch, wenn noch ein Platz frei ist. Treffender scheint mir jedoch in dieser Situation ein Grundsatz zu sein, der mir besonders am Herzen liegt. Obwohl er ganz selbstverständlich ist, findet man ihn kaum ausdrücklich formuliert. Deshalb möchte ich ihn hier niederschreiben: »Man soll sich nicht breiter machen als nötig!«

In Ihrem Fall bedeutet das konkret: Wenn es mit einem Parkplatz geht, muss man nicht zwei nehmen, egal, ob man nun zwei beanspruchen dürfte. Dieser Grundsatz gilt aber nicht nur beim Parken oder in den Bergen – sondern überall. Sei es, dass Sie an einer Bar stehen, am Strand liegen, auf einer Parkbank sitzen, sich ins Flugzeug zwängen müssen oder nur auf dem Gehweg spazieren und jemand kommt Ihnen entgegen: Andere wollen auch noch Raum haben. Und das gilt im Verhältnis zu Mitmenschen genauso wie zur sonstigen Umwelt.

Vielleicht ist mein Grundsatz auch nur eine Facette des bekannten Spruches, den Papst Johannes XXIII. für sich selbst gewählt haben soll: »Giovanni, nimm dich nicht so wichtig.« Oft hängt nämlich die Menge an Platz, die einer für sich beansprucht, damit zusammen, für wie wichtig er sich hält. Doch liegt er mit seiner Selbsteinschätzung erstens meist daneben und zweitens ist überhaupt niemand so bedeutend, dass er sich breiter machen dürfte als nötig.

SCHWARZE SEKUNDEN

»Seit Jahren benutze ich bei der S-Bahn die so genannte Grüne Karte, die etwa zwanzig Euro billiger ist als die normale Monatskarte. Sie gilt ab neun Uhr. Da ich erst um halb zehn im Büro sein muss, war das bisher kein Problem. Nun wurde der Fahrplan geändert: Meine S-Bahn fährt statt um 9.02 Uhr um 8.53 Uhr ab, die nächste vierzig Minuten später. Ich benutze aber weiterhin die Grüne Karte, weil die Bahn selten pünktlich kommt, im Schnitt fünf Minuten zu spät. Rechtlich gesehen fahre ich vor neun eindeutig schwarz. Bin ich aber moralisch nicht im Recht? Im Laufe meines Pendler-Daseins habe ich schon so viele Minuten und Stunden durch ausgefallene und zu spät gekommene S-Bahnen verloren! Und durch ein paar Minuten kurz vor neun Uhr entsteht dem MVV doch kein Schaden, oder?«

DANIEL A., EBENHAUSEN

Eigentlich lässt sich diese Frage sehr kurz beantworten: Sie fahren schwarz, das ist falsch, sogar eine Straftat. So weit alles klar, doch führen Sie moralische Gründe an, um den Verstoß zu rechtfertigen.

Als Erstes: Können das die in den Jahren verlorenen Minuten aufwiegen? Ich finde nicht, selbst wenn sie sich im Laufe eines Pendler-Lebens zu einem beachtlichen Berg aufsummieren. Heimliche Privataufrechnungen sind, weil einseitig, immer problematisch. Der andere hat kein Mitspracherecht; und wären sie objektiv berechtigt, müssten sie nicht heimlich sein.

Zum Zweiten die aktuelle Verspätung: Ab einer bestimmten Länge erledigt sich das Problem von selbst. Aber, so meinen Sie wohl, bei fünf oder gar sechs Minuten Verspätung dreht es sich am Ende nur noch um Sekunden. Richtig, und diese Sekunden fahren Sie schwarz. Das halten Sie vielleicht für pingelig, aber exakte Zeitgrenzen sind durchaus sinnvoll. Sie wollen offensichtlich die Regelung »ab ungefähr neun Uhr«; akzeptieren Sie dann auch um 9.02 ein Bußgeld, das man Ihnen mit der Begründung aufbrummt, die zwei Minuten seien noch »im Grenzbereich« zum Regelverstoß?

Zu guter Letzt: Sie können nun der Meinung sein, die Unschärfe im Grenzbereich vertreten zu können. Aber, und das scheint mir das Wichtigste bei Ihrer Frage: In diesem Fall leben Sie mit dem Risiko, erwischt zu werden, und müssen dann auch die Strafe klaglos akzeptieren. Die ist sozusagen die Kehrseite der Freiheitsmedaille und in Ihrer persönlichen Entscheidung mit enthalten.

§ 265a StGB Erschleichen von Leistungen

(1) Wer die Leistung eines Automaten oder eines öffentlichen Zwecken dienenden Telekommunikationsnetzes, die Beförderung durch ein Verkehrsmittel oder den Zutritt zu einer Veranstaltung oder einer Einrichtung in der Absicht erschleicht, das Entgelt nicht

zu entrichten, wird mit Freiheitsstrafe bis zu einem Jahr oder mit Geldstrafe bestraft, wenn die Tat nicht in anderen Vorschriften mit schwererer Strafe bedroht ist.

ROLLENDES ALTPAPIER

»Ich nehme die ›Süddeutsche Zeitung‹ häufig mit in die S-Bahn, um mir die Zeit während der Fahrt mit Lesen zu vertreiben. Manchmal habe ich keine Zeitung dabei und freue mich, wenn jemand seine ›SZ‹ nach Lektüre in der Bahn gelassen hat. Beim Aussteigen lasse ich wiederum meine gelesene Zeitung meist auf dem Sitz liegen – vielleicht freut sich dann ein anderer Fahrgast darüber? Andererseits ist die Zeitung aus meiner Sicht eigentlich Papiermüll und müsste von mir in den nächsten Abfalleimer geworfen werden.«

KATHARINA M., MÜNCHEN

Für den Juristen eine altbekannte Tatsache: Alles wird wesentlich schwieriger, wenn mehr als zwei Personen an einer Rechtsbeziehung beteiligt sind. Und auch in Liebesdingen ist man sich dessen allzu bewusst: Sowie ein Dritter hinzutritt, verkomplizieren sich die Verhältnisse ungemein. Offenbar verhält es sich in Moralfragen ähnlich, falls »der andere« plötzlich nicht nur in der Mehrzahl auftritt, sondern die »anderen« womöglich auch noch unterschiedliche Interessen haben.

Hier sind es die nachfolgenden Fahrgäste und die Bahnbetreiber. Schon der neu Einsteigende kann – worauf ein weiterer Fragesteller zu diesem Thema hinwies – geteilter Meinung sein: Er freut sich über Lesestoff, ärgert sich über Schmutz. Das zu unterscheiden fällt bei einer alten Zeitung oft nicht leicht, scheinen die Grenzen doch beim Erhaltungszustand eher fließend, beim Inhalt vor allem subjektiv. Eindeutiger argumentieren die Betreiber. Sie sehen im Vordergrund das Müllproblem, Personalkosten und, so ein Sprecher pointiert, die Waggons irgendwann als »rollende Altpapiercontainer«.

Was nun? Einfache Überlegungen wie die Goldene Regel: »Behandle andere so, wie du von ihnen behandelt werden willst«, versagen, wenn der eine »andere« nicht dasselbe will wie der andere. Hilft ein simples Abzählen, unter der Annahme, dass sich die eine Hälfte der Reisenden über kostenlose Lektüre freut, die andere aber nicht? Kaum: Ein halber Fahrgast plus die Deutsche Bahn macht eineinhalb auf der Müllseite, nur ein halber Fahrgast dagegen auf der Wanderzeitungsseite; das überzeugt auch nicht. Hier muss man also werten: Das Interesse an kostenlosem und recyceltem Lesestoff ist nicht unerheblich, ebenso das an Reinlichkeit. Den Ausschlag geben dürfte deshalb die Entscheidungshoheit des Hausherrn. In Grenzen darf die Bahn bestimmen, was in ihren Zügen wohin gehört. Wenn sie Gründe dafür hat, keine herrenlosen Zeitungen auf den Sitzen zu wollen, sollte man das respektieren.

BLITZ GESCHEIT?

»Jeder hat vermutlich schon einmal beim Autofahren erlebt, dass entgegenkommende Fahrzeuge durch die Lichthupe auf eine Radarfalle aufmerksam machen. Und genauso wird vermutlich jeder langsamer gefahren sein und sich darüber gefreut haben, nicht geblitzt worden zu sein. Nun meine Frage: Darf ich andere Autos warnen? Schließlich ist der Zweck einer Radarfalle, dass die Autofahrer langsamer fahren – was sie ja tun, wenn ich ihnen ein Zeichen gebe. Muss ich sie, wenn man so argumentiert, nicht sogar warnen? Wie man es dreht und wendet – ich finde für beide Seiten Gründe und bin gespannt, wie Sie die Situation sehen.«

JOHANNES M., BRÜHL

Ihre Frage ist aus allgemeinen ethischen Erwägungen heraus sehr interessant. Sie haben nämlich zwei bekannte ethische Grundsätze verwendet: die Goldene Regel und Kants Kategorischen Imperativ, welche oft fälschlicherweise als inhaltsgleich angesehen werden. Sie sind es aber nicht und deshalb kommen Sie zu Recht zu widersprüchlichen Ergebnissen.

Die Goldene Regel lautet positiv formuliert: »Behandle andere so, wie du von ihnen behandelt werden willst!« Sie ist ein guter, weil einfacher und praktikabler sittlicher Maßstab, der, würde er stets befolgt, vieles im Zusammenleben verbessern könnte. Sie hat aber auch Fehler: Sie bleibt zum einen subjektiv an den eigenen Werten orientiert. So dürfte nach ihr beispielsweise, wer zu stolz dazu ist, sich helfen zu lassen, auch niemandem anderen helfen. Dies ist hier kein Problem, denn jeder wünscht sich, rechtzeitig gewarnt zu werden, wenn er zu schnell fährt. Aber ob dieser Wunsch richtig ist, kann die Goldene Regel nicht abschließend beantworten, denn sie hat einen zweiten Fehler: Sie vernachlässigt die Pflichten, denen man auch gegenüber sich selbst unterliegt. Mit anderen Worten, sie stellt keine absoluten Maßstäbe auf, wie sich jeder verhalten soll.

Anders der Kategorische Imperativ, der die persönlichen Lebensgrundsätze überprüft. »Handle nur nach derjenigen Maxime, durch die du zugleich wollen kannst, dass sie ein allgemeines Gesetz werde.« Ihr Grundsatz wäre ja, Schnellfahrer zu warnen und so aus Altruismus vor Strafe zu bewahren. Dies als allgemeines Gesetz können Sie nicht wollen; Sie sehen ganz zu Recht den Zweck der Radarfalle darin, das Rasen zu begrenzen. Gäbe es die Maxime, andere stets zu warnen, als Gesetz, hätten die Kontrollen aber keine Wirkung mehr. Jeder könnte bedenkenlos Gas geben: Er würde ja rechtzeitig gewarnt. Ohne den Überraschungseffekt verlören die Radarfallen ihre allgemeine präventive Funktion, auf die es gerade ankommt: Viele fahren nur langsam, weil sie nicht wissen, ob sie hinter der nächsten Kurve geblitzt werden. Die Gewissheit, gewarnt zu werden, käme einer faktischen Freigabe der Geschwindigkeit gleich. Das kann niemand wollen, denn Raserei ist die Ursache für viele tödliche Verkehrsunfälle.

Hält man sich an den Kategorischen Imperativ, lässt sich das Warnen deshalb nicht vertreten; auch wenn es die Goldene Regel empfiehlt, weil man sich selbst freut, gewarnt zu werden. Aber eben pflichtwidrig.

Für das Verständnis gut geeignet ist die folgende »Lese-Einführung« von Ralf Ludwig: Kant für Anfänger. Der kategorische Imperativ, *Deutscher Taschenbuch Verlag, 1995.*

Kapitel V

Liebe & Partnerschaft

VERKEHRSREGELN

»Ich lebe seit neun Jahren in einer festen Beziehung. Mein Freund und ich – wir lieben uns und teilen alles. Neulich war ich abends aus und habe einen scharfen Typ kennen gelernt. Wir hatten schnellen Sex; ich weiß noch nicht mal seinen Namen. Es ist das erste Mal, dass mir so etwas passiert ist. Der Zwischenfall hat keine Bedeutung für meine Beziehung. Dennoch plagt mich mein Gewissen. Muss ich meinem Partner von diesem Erlebnis erzählen?« ANTONIA R., MÜNCHEN

Zunächst ist zu hoffen, dass der Sex nicht zu schnell war, um noch an Kondome zu denken. Und falls doch, dass es seine waren, nicht Ihre. Nach neun Jahren Monogamie dürfte nämlich nur noch eins von beiden wirklich fest sein: Ihre Kondome oder Ihre Beziehung. Denn wenn Sie ungeschützten Geschlechtsverkehr mit einem Mann hatten, von dem Sie nicht einmal den Namen kennen, haben Sie jetzt ganz andere Sorgen. Gelingt es Ihnen, Ihrem Partner ohne Beichte zu erklären, warum er bis zum Ergebnis des Aidstests plötzlich Kondome verwenden soll, sind Sie ohnehin eine professionelle Lügnerin. Und wenn Sie nach dieser Angelegenheit weiterhin mit dem Mann, den Sie lieben, ungeschützt Sex haben, wäre es unangebracht, sich um moralische Grenzfragen zu kümmern.

War dagegen Ihr Verstand genauso scharf wie der Typ, haben Sie zwar keine medizinischen, wohl aber moralische Gründe, alles zu beichten. Wenn Sie nämlich schweigen, verletzen Sie das Vertrauen Ihres Partners und damit die Grundlage Ihrer Beziehung. Andererseits: Wenn Sie reden, verletzen Sie ihn selbst. Sie müssen sich also moralisch zwischen zwei Übeln, zwischen Skylla und Charybdis entscheiden. Der eigentliche Schaden ist nämlich schon vorher eingetreten, jetzt können Sie ihn nur mehr begrenzen. Sie sollten sich vor allem klarmachen, was Sie von Ihrem Freund erwarten: Vergebung. Diese ist eine hohe Tugend, weil sie der Nächstenliebe Vorrang vor Gerechtigkeit einräumt und Voraussetzung des guten Gewissens ist. Die Entscheidungsbefugnis darüber steht allerdings Ihrem Freund zu und nicht Ihnen. Allerdings müssen Sie sich davor hüten, nun allein zu Gunsten Ihres Seelenfriedens von Ihrem Freund einen Beweis seiner Liebe zu fordern.

Entscheidend ist, warum Sie sich mit dem Typ eingelassen haben. Den Menschen, den man liebt, betrügt man nicht. Wenn der Affäre aber auch eine Unzufriedenheit mit Ihrer Beziehung zu Grunde liegt, sind Sie ohne jeden Zweifel verpflichtet, alles mit Ihrem Freund zu besprechen. Denn sonst setzen Sie den Betrug im Kopf fort.

SCHÖN LÜGEN

»Vor geraumer Zeit wollte ich mir einen Gebrauchtwagen kaufen. Der Verkäufer hatte natürlich ein Auto für mich im Angebot und versuchte, es mir schönzureden. Er verschwieg mir aber Mängel, worauf ich mich gegen diesen PKW entschied. In eine ähnliche Situation geriet ich, als ich auf der Suche nach einem Partner war. Nun meine Frage: Ist es denn unmoralisch, wenn man sich in diesem Fall von seiner besten Seite zeigt und seine Mängel verheimlicht?«

DAVID A., HAMBURG

Im ersten Moment zuckt man natürlich, wenn Sie die Partnersuche mit dem Kauf eines Gebrauchtwagens gleichsetzen, und denkt, das kann man nicht vergleichen! Stimmt, aber das Problem, das Sie aufzeigen, bleibt bestehen. Wahrscheinlich wird beim Autoverkauf sogar weniger »geschummelt« als in Liebesdingen. Man weist den anderen niemals zurecht, lacht über jeden Witz und findet alles interessant. Mit der Alltagswirklichkeit hat das oft nur am Rande zu tun.

Doch selbst wenn das eine Täuschung darstellt, ist sie ausnahmsweise in Ordnung. Zoologen sehen in der Partnersuche neben allen amourösen Aspekten einen handfesten biologischen Sinn, nämlich die Fortpflanzung. Deshalb hat die Natur es auch so eingerichtet, dass zur Paarungszeit das bunteste

Gefieder und die schönsten Gesänge präsentiert werden. All dies ist, da der Rest des Jahres oft anders aussieht, auch eine Täuschung, wenn man so will, die aber offensichtlich in der Natur der Sache liegt. Anthropologen beschreiben die Liebe als Spiel, das bestimmten Regeln unterliegt. Dazu gehört, dass sich jeder so gut darstellt, wie es geht, umgekehrt aber weiß oder wissen muss, dass der andere es genauso macht. Es verstößt also keiner gegen die Regeln des Zusammenlebens. Und schließlich enthält das positive Verhalten des frisch Verliebten auch immer die Absicht oder auch nur die Möglichkeit, sich durch den anderen zu verändern, also besser zu werden. Das ist nicht verwerflich. Außerdem darf man eines nicht übersehen: Wenn Sie schon beim ersten Treffen alle Ihre negativen Seiten zeigen, bleiben Sie zwar hochehrlich, aber ziemlich sicher auch allein.

Zum Balzverhalten bei Tieren: Irenäus Eibl-Eibesfeldt, Grundriss der vergleichenden Verhaltensforschung, *Piper Verlag, 1987; dort Kapitel 6.2.*

Zur Paarfindung beim Menschen: Irenäus Eibl-Eibesfeldt. Die Biologie des menschlichen Verhaltens. Grundriss der Humanethologie, *Seehamer Verlag, 1997; dort Kapitel 4.5.*

SEX AN DER SPREE

»Bei einem Ausflug nach Berlin habe ich mich mit einem netten Mann vergnügt. Sein Bekenntnis, er sei verheiratet, habe ich anfangs als Scherz aufgefasst, als es ›zur Sache‹ ging, wusste ich es aber. Zu meiner Verteidigung kann ich sagen, dass er mich angesprochen hat – und nicht umgekehrt. Ich habe ihn sogar noch einmal gefragt, ob er das für eine gute Idee hält, fand dann aber, dass es in seiner, nicht meiner Verantwortung liegt. Nun frage ich mich, ob der One-Night-Stand in Ordnung war. Was meinen Sie?« MONIKA S., KÖLN

Zunächst wollte ich Ihnen zustimmen: Eine Ehe ist ein Band zwischen zwei Personen. Es zu bewahren ist Sache dieser beiden. Nachdem Ihr netter Berliner volljährig ist und Sie ihn nicht »verführt« haben, trägt er die Verantwortung. Schließlich ist er verheiratet und nicht Sie. Aber je länger ich darüber nachdenke, desto mehr bin ich überzeugt, dass man es sich damit zu leicht macht. Sucht man nach einer Begründung, landet man unweigerlich beim zehnten Gebot: »Du sollst nicht begehren deines Nächsten Weib.« Nur folgen dem in der Bibel »Knecht, Magd, Rind, Esel noch alles, was dein Nächster hat«. Deshalb sieht die Theologie in diesem Gebot vor allem eine Grenze für das Begehren als solches – es soll den Neid, nicht den Seitensprung verhindern.

Im Rat des Schuruppag, einem altbabylonischen Weisheitstext, liest man: »Mit einer verheirateten jungen Frau sollst du kein Spiel treiben: Die üble Nachrede ist überaus groß.« Das ist zwar klar formuliert, allein die Begründung wirkt eher dünn. Ich denke, der eigentliche Punkt liegt woanders. Auch Sie sehen im Fremdgehen ein Fehlverhalten, das allerdings nur das Verhältnis der beiden Eheleute betrifft. Diesem breiten Grundkonsens auch außerhalb des Religiösen entspricht das sechste Gebot: »Du sollst nicht ehebrechen.« Fraglich bleibt also allein, ob Sie als Außenstehende wirklich keine Verantwortung haben. Ich denke doch, und zwar selbst dann, wenn Sie nicht der treibende Part sind. Worum es geht, drückt – für ein anderes Gebiet – das Sprichwort »Der Hehler ist schlimmer als der Stehler« aus: Wer eine schlechte Sache ermöglicht oder ausnutzt, macht sie sich zu Eigen und trägt Mitverantwortung. Auch wenn es »zur Sache« geht.

Aus zwei Leserbriefen zu dieser Kolumne:

»Mit Vergnügen und Erkenntnisgewinn lese ich Woche für Woche Ihre Gewissensfrage. Diesmal allerdings nicht. Ich finde Ihre Antwort zum Sachverhalt ›Sex an der Spree‹ so moralinsauer, dass es mich schüttelt.« J.B.

»Diesmal lag der Fall für mich klar auf der Hand: Beteiligung am Ehebruch fürs kurzfristige Vergnügen. Die betroffene Dame sollte sich überlegen, wie sie wohl an Stelle der betrogenen Ehefrau empfinden würde. Ich verstehe gar nicht und bedauere sehr, dass sogar eine ›Instanz‹ wie Herr Dr. Erlinger sich schon fast einen abbrechen

und umständlich bis abschweifend argumentieren muss, um das letztendlich doch zu verurteilen. Erstaunlich – und für meine Begriffe sehr schade!« T.H.

Die Zehn Gebote sind in der Bibel zweimal überliefert: Im zweiten Buch Mose (Exodus Kapitel 20, Vers 2-17) und im fünften Buch Mose (Deuteronomium Kapitel 5, Vers 6-21).

Rat des Schuruppag in: Texte aus der Umwelt des Alten Testaments, Band III: Weisheitstexte, *Herausgegeben von Willem H. Ph. Römer und Wolfram von Soden, Mohn, 1990. Zitiert nach Otfried Höffe (Hrsg.),* Lesebuch zur Ethik: Philosophische Texte von der Antike bis zur Gegenwart, *C.H. Beck Verlag, 1998.*

QUALVOLLES LIEBESSPIEL

»Ich hatte bis vor kurzem eine Liebesbeziehung, bei der ich ›mehr Beziehung‹ wollte als die andere Person. Sie war zwar verliebt, erklärte jedoch schnell, dass sie keine Verpflichtungen wünsche. Ich litt darunter, beendete unsere ›unverbindliche Beziehung‹ aber erst nach einem halben Jahr, da ich sehr verliebt war und zunächst dachte, damit umgehen zu können. Nun schwanke ich zwischen zwei Ansichten: zum einen, dass ich erwachsen bin und damit für mich selbst verantwortlich – mir wurde ja nichts vorgemacht. Andererseits finde ich, sie hätte sich nicht darauf einlassen dürfen, da ihr klar war, dass sie mich verletzt. Was meinen Sie?« THOMAS K., BERLIN

Das Grundproblem Ihrer Frage kennt jeder, meist sogar von beiden Seiten. Bei seiner Bewertung bewegt man sich zwischen zwei Prinzipien. Das eine nenne ich das »Volljährigkeitsprinzip«: Ein Volljähriger muss wissen, was er tut. Das andere ist das »Verantwortungsprinzip«: Macht ist mit Verantwortung verbunden und deshalb muss bei einem deutlichen Ungleichgewicht der Stärkere auch im Interesse des Schwächeren handeln.

Genau das ist aber auch eine Bevormundung, die sehr unerwünscht sein kann. In Händels Oper *Rodelinda* singt der liebeskranke Grimoaldo: »Traurig, krank liegt mein Herz darnieder, doch sein Leiden gefällt ihm so gut, dass nach Frieden es sich nicht mehr sehnt.«

Im Grunde muss es jedem unbenommen bleiben, auch unglücklich zu lieben. Allerdings mit Einschränkungen: Notwendig ist absolute Offenheit, man darf niemals mit dem anderen spielen, und eine Grenze hat alles, wenn einer heftig leidet und darin gefangen ist. Liebe macht nämlich nicht nur blind, sondern vor allem taub: Was ein schwer Verliebter nicht hören will, hört er einfach nicht.

Ein »Read my lips: I do NOT love you!« weiß er problemlos als verklausulierten Liebesschwur zu deuten. Und selbst bei klarem Erkennen kann es an der Kraft mangeln, Konsequenzen zu ziehen. In derartigen Fällen ist der Nichtliebende deutlich stärker und trägt deshalb Verantwortung.

Bei Ihnen dagegen waren beide verliebt, beide wollten eine Beziehung, allerdings in unterschiedlicher Form. Hier besteht ein gewisses Gleichgewicht und man muss sich auch davor hüten, Entscheidungen des eigenen Lebens als moralische Last auf andere abzuwälzen.

Georg Friedrich Händel, Rodelinda, Regina de' Longobardi, Dramma per musica in drei Akten. *Libretto von Nicola Francesco Haym. Uraufführung am 13. Februar 1725 im King's Theatre in the Haymarket, London. Münchner Erstaufführung am 28. Juni 2003 im Nationaltheater. Das Zitat entstammt der deutschen Übersetzung von Reinhard Strohm.*

GESTRESST IM LIEBESNEST

»Eine Arbeitskollegin bat mich, meine Wohnung einen Abend lang ihrer Freundin zur Verfügung zu stellen. Dort wollte diese Freundin einen Mann zu einem Rendezvous treffen. Beide sind seit vielen Jahren verheiratet – mit anderen Partnern – und haben Kinder. Mache ich mich zu ihrem Handlanger, wenn ich ihnen meine Wohnung überlasse? Trage ich dann eine moralische Mitschuld am Ehebruch? Oder schwinge ich mich im Falle einer Absage zur ›Sittenpolizei‹ auf?«

NICOLA D., SAARBRÜCKEN

Bei dieser Frage muss man natürlich sofort an Billy Wilders wunderbaren Film *Das Apartment* denken, in dem Jack Lemmon alias C. C. Baxter seine Wohnung Vorgesetzten für Schäferstündchen zur Verfügung stellt, was ihm eine Beförderung einbringt. Erst dank der Liebe zu der Fahrstuhlführerin Fran Kubelik, gespielt von Shirley MacLaine, erkennt er, dass er damit seine Moral und sich selbst verkauft hat.

Baxter ist anfangs zu schwach, um sich zu widersetzen, aber warum wollen Sie Ihre Wohnung Leuten überlassen, die Sie nicht einmal so gut kennen, dass Sie direkt gefragt werden? Hilfsbereitschaft kann man nicht hoch genug schätzen. Freunden hilft man gern, weil man sie mag. Andern hilft man – ob gern oder ungern –, wenn sie Hilfe brauchen. Eine Unart aber ist das Einfordern von Gefallen um mehrere Ecken. Sie auf diese Weise um etwas anzugehen, das Ihnen moralisch gegen den Strich geht, halte ich für eine Zumutung. Denn warum soll das Paar hilfsbedürftig sein? Schließlich gibt es Hotels.

Es bleibt also allenfalls die Frage, ob Ihre moralischen Bedenken angebracht sind. Dass über die Bewertung des Seitensprungs keine völlige Einigkeit herrscht, scheint mir hier unerheblich – es kommt auf Sie an. Ihrer Formulierung »moralische Mitschuld« entnehme ich, dass Sie Fremdgehen für falsch halten. Dann sollten Sie es auch nicht unterstützen. Genau das tun Sie aber, wenn Sie Ihre Wohnung öffnen.

Der Ausdruck »Sittenpolizei« ist dagegen völlig fehl am Platze. Denn Sie messen nicht Handlungen anderer Menschen mit Ihrem Maßstab, sondern entscheiden nach Ihrer Überzeugung und Ihrem Gewissen über Ihr eigenes Handeln. Dabei schwingen Sie sich zu nichts auf, im Gegenteil: Diese Entscheidung kann Ihnen niemand abnehmen.

Das Apartment, *Regie: Billy Wilder, mit Jack Lemmon, Shirley MacLaine, Fred MacMurray. Wilders Komödie erhielt 1960 fünf Oscars, darunter jene für den besten Film, das beste Originaldrehbuch und die beste Regie; so vereinte Wilder als erster Regisseur in der Filmgeschichte drei Oscars auf sich als Person.*
Empfehlenswert: Hellmuth Karasek, Billy Wilder. Eine Nahaufnahme, *Hoffmann und Campe Verlag, 1992.*

EIN PFUNDIGER KERL

»Mein Mann war früher sehr sportlich und stolz auf seinen Körper. Seitdem er viel arbeitet, hat er zugenommen und von der Sportlerfigur ist kaum noch etwas übrig. Das bedrückt ihn. Manchmal fragt er mich, ob ich ihn zu dick finde. Wenn ich ehrlich bin – ja. Auf jeden Fall hat er mir früher besser gefallen. Mache ich allerdings auch nur eine winzige Andeutung in diese Richtung, so ist er zutiefst gekränkt. Deshalb sage ich: ›Nein, natürlich bist du nicht zu dick.‹ Ist das falsch?«

CHRISTIANE B., MÜNCHEN

Offen gesagt bin ich ziemlich erleichtert, dass Sie als Frau diese Frage stellen. Schließlich ist eher die umgekehrte Konstellation bekannt, zumindest aus zahlreichen Herrenwitzen. In diesem Fall wäre es schwierig zu antworten, ohne in den Ruch des Chauvinismus zu geraten – eine Beinote, die moralischen Ratschlägen nicht gut bekommt.

Eigentlich scheint die Angelegenheit klar: Bei Ihrer Antwort handelt es sich um eine Lüge, und dass lügen unmoralisch ist, sollte sich langsam herumgesprochen haben. Doch natürlich gibt es Ausnahmesituationen. Wenn ein Räuber Sie mit vorgehaltenem Messer fragt, ob Sie Wertsachen dabeihaben, dürfen Sie ohne Skrupel »Nein« sagen, selbst wenn Sie am Knöchel eine Rolex tragen. Ob es klug ist, den Ganoven zu verärgern, steht auf einem anderen Blatt; unmoralisch ist es nicht. Wenn derselbe Mann irr mit den Augen rollt und fragt, ob Sie ihn mögen, dürfen Sie wiederum lügen – und diesmal wäre es noch dazu klug.

Die Frage Ihres Partners, ob Sie ihn zu dick finden, ist aber keine solche Ausnahmesituation, es sei denn, er hätte den irren Blick und ein Messer in der Hand. Eine Kränkung zu vermeiden, mag in einer Beziehung klug sein, moralisch ist es deshalb noch lange nicht. Trotzdem muss ein objektiv wahrheitswidriges »Nein« nicht immer unmoralisch sein. Dann nämlich nicht, wenn Sie und Ihr Partner sich einig sind, dass es sich um keine echte Frage handelt, sondern nur um ein Spiel. Er fragt, Sie sagen prompt: »Nein, du bist nicht zu dick!«, doch in Wahrheit wissen Sie beide ganz genau, dass fünfzehn Kilo runtermüssen und zwar so schnell wie möglich.

Ihrem Brief entnehme ich jedoch, dass es kein Spiel ist, sondern bitterer Ernst. Mein Vorschlag deshalb: Versuchen Sie es mit der Wahrheit. Und fügen Sie hinzu, dass Sie Ihren Mann so lieben, wie er ist. Das sollte dann allerdings auch stimmen.

Zum Thema »Lüge« gibt es eine nahezu unerschöpfliche Literaturliste. Eine kleine Auswahl:

Volker Sommer, Lob der Lüge. Täuschung und Selbstbetrug bei Tier und Mensch, *Deutscher Taschenbuch Verlag, 1994.*

Simone Dietz, Die Kunst des Lügens. Eine sprachliche Fähigkeit und ihr moralischer Wert, *Rowohlt Taschenbuch Verlag, 2003.*

Maria Bettetini, Eine kleine Geschichte der Lüge. Von Odysseus bis Pinocchio, *Verlag Klaus Wagenbach, 2003.*
Rochus Leonhardt, Martin Rösel (Hrsg.), Dürfen wir lügen? Beiträge zu einem aktuellen Thema, *Neukirchener Verlag, 2002.*
Jeremy Campbell, Die Lust an der Lüge. Eine Geschichte der Unwahrheit, *Gustav Lübbe Verlag, 2003.*
Rainer Erlinger, Lügen haben rote Ohren. Gewissensfragen für große und kleine Menschen, *List Verlag, 2004. Als Hörbuch gelesen von Katharina Thalbach, Anna Thalbach, Peter Lohmeyer und anderen. Lido-Eichborn Verlag, 2005.*

DIE ROS-TÄUSCHERIN

»Gestern habe ich per Blumenboten rote Rosen erhalten. Der Absender war unbekannt. Nach einem Tag schmeichelnder Ungewissheit und Rätselraten stellte sich heraus, von wem der Strauß stammte: vom Falschen! Ich beschloss, die Blumen in die Mülltonne zu schmeißen. Auf dem Weg dorthin begegnete mir unser Hausmeister. Ich fragte ihn, ob er seiner Freundin, die ich sehr mag, eine Freude machen wolle. Er nahm die Blumen und brachte sie ihr. Konnte ich die Rosen guten Gewissens einem ›zweiten Empfänger‹ zukommen lassen? Oder hätte ich sie wegwerfen müssen?«

CLAUDIA G., BERLIN

»Man kann doch Barbar sein und trotzdem Blumen lieben!«, ist einer der schönsten Sätze in *Asterix und die Goten*. Damit entschuldigt sich ein Krieger bei seinem Häuptling Rhetorik, weil er wegen der Künste des Druiden Florix in Begeisterung ausgebrochen war. Nachvollziehbarerweise, hatte der es doch geschafft, mit ein paar Tropfen seines Zaubertrankes die herrlichsten Blumen wachsen zu lassen. Einfach so, außerhalb der Saison auf dem Boden der Lichtung im Karnutenwald. Den Wettbewerb zum Druiden des Jahres gewann trotzdem nicht er, sondern unser Freund Miraculix mit seinem übermenschliche Kräfte verleihenden

Trunk. Offensichtlich geht selbst in der zauberhaften Welt der Druiden Kraft vor Schönheit.

Die Frage hier klingt ähnlich: »Kann es sein, dass man ein moralischer Barbar ist, weil man Blumen liebt? Zu sehr, um sie wegzuwerfen?« Und bei dieser Formulierung ist die Antwort schon fast klar: Selbstverständlich nein! Obwohl, eine Ausnahme sehe ich: Es wäre zu weit gegangen, hätten Sie die Rosen an den »Richtigen« weitergegeben, also an den Herrn, von dem Sie hofften, er hätte Ihnen den Strauß geschenkt. Das wäre ein Schlag ins Gesicht des »Falschen«; Sie würden ihn demütigen, indem Sie sein Geschenk gegen seine Interessen verwenden. Denn auch hier ist, wie leider viel zu oft in Liebesdingen, das mit den »Richtigen« und »Falschen« das zentrale Problem.

Sieht man von dieser Ausnahme ab, erfüllt aber das Weiterschenken den Zweck des Blumenpräsentes am besten: Die Rosen sollten eine Freude machen. Das tun sie jetzt, wenn auch bei jemand anderem. Dies kommt der Idee des Schenkenden doch deutlich näher als der Biomüll. Außer sie sollten etwas ganz anderes erreichen, als schlicht zu erfreuen. Doch was wäre das dann gewesen – »ein unmoralisches Angebot«?

René Goscinny und Albert Uderzo, Asterix und die Goten, *Delta Verlag, 1969.*

DIE LIEBE VERRÄTERIN

»Meine beste Freundin betrügt ihren Freund – das erzählte sie mir unter dem Siegel der Verschwiegenheit. Nun gerate ich jedes Mal, wenn ich ihren Lebensgefährten sehe, in einen fürchterlichen Zwiespalt. Soll ich ihm etwas andeuten oder sogar den Betrug deutlich ansprechen? Dann hätte ich in der Rolle der besten Freundin versagt (und würde meine Freundin wohl verlieren), aber ich könnte mir selbst und ihrem Freund wieder in die Augen blicken. Oder soll ich den Mund halten, so wie sie es erwartet?« ANNE O., MÜNCHEN

Manchmal wäre ich gern Gesetzgeber. Als solcher würde ich die beste Freundin in den Paragraf 203 des Strafgesetzbuches aufnehmen, zwischen Arzt, Rechtsanwalt und andere Berufe, denen Geheimnisse anvertraut werden. Auch die beste Freundin sollte mit Gefängnis bestraft werden, wenn sie ihr in dieser Funktion Mitgeteiltes offenbart. Jawohl, Sie gehören in den Moralknast, falls Sie den Freund informieren, denn es geht hier um Vertrauen und dessen Bruch ist strafwürdig!

Natürlich gibt es Grenzen und in speziellen Situationen auch eine Offenbarungspflicht. Hätte Ihnen Ihre Freundin gestanden, sie plane den Derzeitigen zu vergiften, um freie Bahn zu haben, dann sollten Sie dem Ärmsten nicht aus falsch verstandener Solidarität »Guten Appetit« zur Pilzsuppe wünschen.

Aber auch so dürfen Sie etwas unternehmen – solange es innerhalb des Vertrauensverhältnisses bleibt: Sie können auf Ihre Freundin einwirken, das Fremdgehen zu beenden oder zumindest dem Partner die Wahrheit zu sagen. Sie können von ihr verlangen, dass Sie in Zukunft nicht mehr eingeweiht werden wollen. Und Sie können ihr notfalls auch die Freundschaft kündigen, wenn Sie ihr Verhalten als so verwerflich empfinden, dass Sie sich zum Einschreiten gezwungen fühlen. Wollen Sie das aber nicht, haben Sie kein Recht, zur Verbesserung Ihres Wohlbefindens die Freundin zu verraten. Freundschaft dient nicht nur dem persönlichen Vergnügen, sie ist ein eigener moralischer Wert, und deshalb verpflichtet sie auch.

§ 203 StGB Verletzung von Privatgeheimnissen

(1) Wer unbefugt ein fremdes Geheimnis, namentlich ein zum persönlichen Lebensbereich gehörendes Geheimnis oder ein Betriebs- oder Geschäftsgeheimnis, offenbart, das ihm als

1. Arzt, Zahnarzt, Tierarzt, Apotheker oder Angehörigen eines anderen Heilberufs, der für die Berufsausübung oder die Führung der Berufsbezeichnung eine staatlich geregelte Ausbildung erfordert,

2. Berufspsychologen mit staatlich anerkannter wissenschaftlicher Abschlussprüfung,

3. Rechtsanwalt, Patentanwalt, Notar, Verteidiger in einem gesetzlich geordneten Verfahren, Wirtschaftsprüfer, vereidigtem Buchprüfer, Steuerberater, Steuerbevollmächtigten oder Organ oder Mitglied eines

Organs einer Rechtsanwalts-, Patentanwalts-, Wirtschaftsprüfungs-, Buchprüfungs- oder Steuerberatungsgesellschaft,
4. Ehe-, Familien-, Erziehungs- oder Jugendberater sowie Berater für Suchtfragen in einer Beratungsstelle, die von einer Behörde oder Körperschaft, Anstalt oder Stiftung des öffentlichen Rechts anerkannt ist,
4a. Mitglied oder Beauftragten einer anerkannten Beratungsstelle nach den §3 und 8 des Schwangerschaftskonfliktgesetzes,
5. staatlich anerkanntem Sozialarbeiter oder staatlich anerkanntem Sozialpädagogen oder
6. Angehörigen eines Unternehmens der privaten Kranken-, Unfall- oder Lebensversicherung oder einer privatärztlichen Verrechnungsstelle anvertraut worden oder sonst bekannt geworden ist, wird mit Freiheitsstrafe bis zu einem Jahr oder mit Geldstrafe bestraft.

NICHT GANZ SAUBER

»Meine Schwester hat einen Sechs-Personen-Haushalt. Ihrem Mann ist es im Haus nicht sauber genug. Jetzt haben sie eine Putzfrau engagiert. Die kam einmal und putzte sehr oberflächlich, sagt meine Schwester. Mein Schwager war zufrieden. Trotzdem hat meine Schwester, ohne ihn zu fragen, die Putzfrau wieder entlassen. Meine Schwester meint, das Haus sei jetzt genauso wie vorher, ihr Mann zufriedener – und sie würden sogar Geld sparen. Alles in Ordnung also. Sollte sie ihm nicht sagen, dass es gar keine Putzfrau mehr gibt?«

ANNE P., STUTTGART

Nachdem das Problem der Reinlichkeit im Haus geregelt ist, scheint Ihre Sorge nun der moralischen Sauberkeit Ihrer Schwester zu gelten. Diese Überlegung ist auf jeden Fall zu begrüßen. Allerdings dürfte, wie so oft, auch hier die korrekte Lösung die schwierigere sein. Die pragmatische Betrachtungsweise Ihrer Schwester – alles ist in Ordnung, wenn alle zufrieden sind – hat nämlich einen Vorteil: Sie hinterfragt nicht, und damit sind tatsächlich in der Praxis die geringsten Probleme verbunden. Darüber hinaus werden viele meinen, Ihr Schwager sei offensichtlich so oberflächlich und voreingenommen, dass er sich nicht beschweren kann, wenn seine Frau die Sache jetzt selbst regelt.

Das alles lässt aber einen Gesichtspunkt unberücksichtigt. Es bleibt nämlich das Problem, dass Ihre Schwester ihren Mann – ob aktiv oder auch nur weil sie es unterlässt, ihn aufzuklären – täuscht. Vor allem aber degradiert sie ihn zu einer unfreiwillig komischen Figur in einem Spiel, das er nicht einmal bemerkt. Das ist nicht richtig, und Ihr Schwager hat das trotz aller eigenen Fehler nicht verdient. Zugegeben, das alles ist wahrlich keine moralische Katastrophe. Problematisch würde es erst, wenn Ihre Schwester die Täuschung weitertriebe, also etwa das Geld für die Putzfrau vom Konto abheben und für sich verbrauchen würde. Aber auch die Auflösung ist schwierig, weil einerseits die Unzufriedenheit wieder losgehen könnte und andererseits Ihr Schwager ob seiner Fehleinschätzung bloßgestellt würde. Ihre Schwester muss daher nach einer Lösung suchen, die möglichst wenig Schaden anrichtet.

Warum nicht das gesparte Geld sammeln und ihrem Mann – oder der gesamten Familie – ein Geschenk machen? Dann klärt sich alles auf, und er hätte die Möglichkeit, sich nicht betrogen und vorgeführt zu fühlen.

E-MAIL FÜR MICH

»Wenn ich mit meinen Freunden weggehe, flirte ich gern mal mit anderen Frauen. Weil meine Freundin leicht eifersüchtig wird, verheimliche ich ihr das – auch damit sie sich keine Sorgen macht. Nun hat sie meine E-Mails gelesen, nachdem sie irgendwie mein Passwort herausgefunden hatte. Darunter war auch eine Mail von einer Bekannten, die meine Freundin völlig überinterpretiert hat. Sie sieht nicht ein, dass ich nichts von den Flirts erzähle, ich kann nicht verstehen, wie sie es wagen kann, meine Mails zu lesen. Was wiegt Ihrer Meinung nach schwerer?« BJÖRN D., BERLIN

Am schwersten wiegt, glaube ich, auf die Idee zu verfallen, man könne Falsches gegeneinander aufwiegen und dann den zum Sieger küren, der weniger falsch gehandelt hat. Etwas Unrechtes wird nicht durch das Fehlverhalten eines anderen plötzlich gut. Und keiner von Ihnen sollte sich besser fühlen, weil der Partner auch keine weiße Weste hat. Denn eines steht fest: Bei der Aktion haben Sie sich beide nicht mit Ruhm bekleckert.

Wenn ich höre, dass jemand Passwörter knackt und unbefugt fremde Post liest, bleibt mir fast die Spucke weg. Das ist nicht nur falsch, das ist kriminell! Und zwar unabhängig davon, ob dieses Tun jetzt tatsächlich gegen Gesetze verstößt.

Es widerspricht auf jeden Fall Grundregeln menschlichen Zusammenlebens. Ich kann auch keine Rechtfertigung erkennen; etwa, weil Ihre Freundin ja tatsächlich etwas entdeckt hat, das Sie ihr verheimlicht hatten. Auch wenn er reich trägt – der verbotene Baum ist und bleibt verboten.

Und Sie können sich zwar Sätze zurechtlegen wie »damit sie sich keine Sorgen macht«, damit aber Ihre Rolle nicht schönreden. Vielleicht bin ich ein wenig schwer von Begriff, aber ich verstehe nicht, wie ein Bar-Flirt mit Mails zusammenhängt – falls Sie nicht Ihre Mail-Adresse auf die Stirn tätowiert tragen. Wie dem auch sei: Entscheidend ist hier nicht etwas objektiv Erlaubtes oder Verbotenes, sondern die Ehrlichkeit in einer Beziehung. Die aber hat auf jeden Fall gelitten.

Nein, tut mir leid, ich bin kein Ethik-Paris, der den rostigen Apfel an den im Vergleich ein wenig Moralischeren vergibt. Insgesamt: Gewogen und für zu leicht befunden.

Paris erklärte Aphrodite zur Siegerin im Schönheitswettbewerb dreier Göttinen und verlieh ihr einen goldenen Apfel. Damit zog er sich den Hass der beiden Unterlegenen Hera und Athene zu, was letztlich zum Untergang von Troja führte. Die Geschichte findet sich im Kapitel »Priamos, Hekabe und Paris« bei Gustav Schwab, Sagen des klassischen Altertums, *Droemer Knaur Verlag, 2001.*

Kapitel VI

Umwelt & Tiere

SPÜL OHNE GRENZEN

»Wir hatten ein neues Spülmittel, das mir nicht gefiel. Es roch irgendwie nicht gut. Um es möglichst schnell zu verbrauchen, nahm ich immer die doppelte Menge zum Spülen. Nach zehn Tagen reichte es mir. Ich schüttete die dreiviertelvolle Flasche in den Ausguss. Jetzt plagt mich mein schlechtes Gewissen und ich frage mich, ob ich dieses Spülmittel nicht doch eher zum Spülen hätte benutzen müssen.«

TILL G., 13 JAHRE, MÜNCHEN

Warum wird man von einem schlechten Gewissen geplagt? Der Philosoph Immanuel Kant hat einmal in Anlehnung an den Apostel Paulus das Gewissen verglichen mit dem »Bewusstsein eines inneren Gerichtshofes im Menschen (›vor welchem sich seine Gedanken einander verklagen oder entschuldigen‹)«. Die Frage ist hier also: Welche Gedanken sind das?

Auf der Anklageseite steht wohl die Verschwendung. Und zwar in mehrfacher Hinsicht: Die Flasche war gekauft worden, also hast du Geld vergeudet, vermutlich nicht einmal dein eigenes. Das Spülmittel hat gewirkt, also hast du etwas Funktionsfähiges beseitigt, nur weil es dir nicht gefiel. Und Spülmittel bestehen aus Chemikalien, die bei ihrer Herstellung und Beseitigung die Umwelt belasten. Da eine Verschwendung etwas Negatives ist, noch dazu wenn die Umwelt leidet, scheint die Anklage hieb- und stichfest zu sein.

Was könnte die Verteidigung dagegen vorbringen? Zur Geldverschwendung: Es geht hier nicht um große Summen, sondern um einen Betrag von rund einem Euro. Etwas beseitigen, nur weil es nicht gefällt: Das macht man jedes Jahr mit Kleidung, die unmodern geworden ist. Schließlich die Umwelt: Spülmittel ist kein Altöl, das jemand in den Gully kippt, sondern eine harmlose Substanz, welche die Kläranlage weitgehend abbaut.

Welches Urteil sollte der Gerichtshof dazu fällen? Ich bin nicht dein Gewissen, aber ich würde dich freisprechen. Nicht weil das Handeln völlig makellos war. Wenn man ein Heiliger ist, mag es sinnvoll sein, seinem Gutsein auch noch den letzten Feinschliff zu geben. Aber normale Menschen, die wir nun einmal sind, haben durchaus das Recht, auf ihr Wohlergehen zu achten. Spülen macht meist nicht viel Spaß; wenn einem das Mittel nicht gefällt, noch weniger. Und sich wochen- oder monatelang zu ärgern wegen einer Flasche Spülmittel – da kann man seine moralischen Energien besser für etwas Wichtigeres aufheben.

Das Zitat stammt aus Immanuel Kant, Metaphysik der Sitten, *AA 6, 438. Eine günstige Ausgabe ist im Reclam Verlag erschienen.*
Die Ausführungen des Apostels Paulus, auf die sich Kant bezieht, finden sich im ersten Brief an die Römer, Kapitel 2, Vers 15: »Ihr Gewissen legt Zeugnis davon ab, ihre Gedanken klagen sich gegenseitig an und verteidigen sich.«

DER VOGEL-FLUCH

»Ein Freund von mir hat kürzlich einen Vogel angefahren. Der Vogel lebte noch, war aber schwer verletzt. Mein Freund wollte das Tier nicht leiden sehen und tötete es. Wir diskutierten, ob man in einer solchen Situation stets zum Tierarzt fahren muss oder ob der Tierarzt nur lacht, wenn man ihm ein Kaninchen, einen heimischen Vogel oder gar eine Taube bringt – die ja eigentlich eine Plage ist. Meine Frage daher: Darf ich über Leben und Tod eines verletzten Tieres richten?«

KURT Z., NÜRNBERG

Wahrscheinlich sehen Sie sich einen Vogel mit Vollgas in die Tierklinik fahren, während der Kabarettist Georg Kreisler im Autoradio singt: »Geh mer Tauben vergiften im Park.« Die Frage ist also durchaus berechtigt und nur schnell zu beantworten, wenn man rigoros ist: Tiere haben ein Recht auf Leben. Deshalb ist man stets verpflichtet, ein Tier, das man angefahren hat, zum Tierarzt zu bringen. Punkt.

Leider ist diese Forderung, wie viele dogmatische, zwar leicht aufzustellen, lässt jedoch vieles außer Acht: Gilt das Recht der Tiere absolut? Was tun, wenn man nachts in einer fremden, einsamen Gegend unterwegs ist? Und nicht zuletzt: Wer bezahlt die Behandlung? Ethische Fragen beim Tierschutz sind immer schwierig, da die zu Grunde liegenden Werte extrem unterschiedlich beurteilt werden. Dass man Tiere nicht einfach so töten darf, ist allgemein anerkannt. Aber allein schon unsere Ernährung mit Fleisch und Fisch zeigt, dass das Leben der Tiere im Gegensatz zu dem des Menschen keineswegs als absoluter Wert gesehen, sondern Beschränkungen unterworfen wird.

Wenn man dies akzeptiert, kann man die Frage nicht mehr kategorisch beantworten. Sicher ist es das Beste, einem verletzten Tier möglichst fachkundige Hilfe zukommen zu lassen, es also zum Tierarzt zu bringen. Der kann die Schwere der Verletzung beurteilen und das richtige Vorgehen festlegen. Bei Jagdwild verlangt das Gesetz, den Jäger zu benachrichtigen. Sprechen aber die Umstände dagegen, tierärztliche Hilfe zu suchen, ist es – um unnötiges Leid zu verhindern – besser, ein Tier zu töten, als es qualvoll verenden zu lassen. Doch ist, auch wenn Ihnen die Entscheidung dann niemand abnehmen kann, der Ausdruck »Richter über Leben und Tod« unangebracht, denn er unterstellt wieder eine Absolutheit, die unserem Wertesystem eben nicht entspricht.

Unnötig ist aber zumindest die Sorge wegen des lachenden Veterinärs. Die Tierärzte, bei denen ich nachgefragt habe, nehmen verletzte Wildtiere nicht nur ernst, sie bitten sogar darum, ihnen die Tiere zu bringen. Und häufig verzichten sie in solchen Fällen aus Gründen des Tierschutzes auf ihr Honorar.

Das Lied Taubenvergiften *findet sich auf Georg Kreislers CD* Everblacks.

EIN SCHICKES FELL

»Aus tiefer Überzeugung habe ich bisher niemals Pelz getragen: Der Aufwand bei der Pelztierzucht und die Käfighaltung stehen meiner Meinung nach in keinem Verhältnis zum Nutzen, es handelt sich schließlich um reinen Luxus. Nun habe ich von einer kürzlich verstorbenen älteren Bekannten, die ich sehr mochte, einen Fuchspelzkragen geerbt. Plötzlich stehe ich vor einem Dilemma: Ist es unmoralischer, den Pelz zu tragen oder ihn wegzuwerfen?«

JULIANE K., WOLFRATSHAUSEN

Ihr Dilemma kann ich nachvollziehen. Auf der einen Seite sind Ihre Bedenken angesichts der nicht immer artgerechten Haltung von Pelztieren durchaus berechtigt. Gerade bei einem Fuchspelz liegt es doch nahe, dass er, wie Goethe in *Reineke Fuchs* schreibt, »schlechter Herkunft«, weil aus Malepartus ist. Auf der anderen Seite ist der Kragen ja nun einmal da und an den Haltungsbedingungen vor dreißig oder fünfzig Jahren, als er wahrscheinlich gekauft wurde, ändern Sie nichts mehr, ob Sie ihn nun tragen oder nicht. Womöglich machen Sie sich sogar Gedanken, wie Sie ihn adäquat »entsorgen« sollen, und sehen sich schon vor einem eigens errichteten Gedenkstein mit der Inschrift »Der unbekannten Fähe« niederknien.

Vor diesem Hintergrund bin ich der Meinung, dass Sie den

Pelz tragen können, ohne ein schlechtes Gewissen wegen des Tieres haben zu müssen. Denn ganz unabhängig davon, dass man Pelztiere auch artgerecht halten kann, haben Sie weder die Zucht unterstützt, noch haben Sie die Gewinnung des Pelzes in irgendeiner Form zu verantworten.

Allerdings gibt es einen zweiten Aspekt. Jedes Kleidungsstück transportiert immer auch eine Aussage (und sei es auch nur die, dass dem Träger das Äußere egal ist). Für Pelze gilt das ganz besonders. Man sieht Ihrem Kragen nicht an, dass Sie ihn geerbt haben. Sie können auch schlecht ein Schild »Ich bin gegen Pelze« daran befestigen. Für denjenigen, der Ihnen auf der Straße begegnet, haben Sie ganz einfach einen Pelz an und geben ihm damit – egal, wie Sie wirklich denken – zu verstehen, dass Sie Pelzmode akzeptieren.

Deshalb bezweifle ich, dass Sie wirklich glücklich werden mit dem Fuchskragen. Er mag eine schöne Erinnerung an Ihre alte Bekannte sein, für die er wahrscheinlich etwas Besonderes war. Nur, wenn es Ihnen ernst ist mit der Ablehnung von Pelzen, werden Sie sehr schnell sehen, dass Sie sich mit ihm trotz aller Liebe zu der alten Dame nicht wohl fühlen. Dann erübrigt sich ohnehin die Frage nach dem Tragen.

Johann Wolfgang von Goethe. Reineke Fuchs. *Reclam Verlag.*

EIN HAUFEN ÄRGER

»Seit ich einen Hund habe, leide ich beim Gassi gehen unter einem schlechten Gewissen. Zwar hebe ich sein ›Geschäft‹ meist auf und trage es bis zum nächsten Abfallkorb. Doch weil aus Ersparnisgründen viele abmontiert wurden, wird's mir manchmal zu mühsam. Dann schau ich mich verstohlen um… und werfe die Tüte einfach ins Gebüsch. Trost dabei ist mir einzig der Gedanke: Wer reintritt, wird Glück haben. Doch der Gewissenswurm nagt. Zu Recht?«

LOTTE L., MÜNCHEN

Wenn ich mich hier einmal als Facharzt für moralische Leiden betätigen darf, möchte ich sagen, Ihr Fall ist interessant. Nicht Ihr Problem an sich, das ist geradezu banal: Jeder hat dafür zu sorgen, dass aus seinem Verantwortungsbereich möglichst kein Schmutz in die Öffentlichkeit gelangt. Was auch für Hundedreck gilt. Und da der Vierbeiner als Moraladressat ausscheidet, fällt das unter die Verantwortung des Halters. Ob man dem Hund entsprechendes stadttaugliches Verhalten beibringt oder dann eben die Konsequenzen trägt, ist egal, nur: Liegen lassen darf man den Haufen nicht.

Offensichtlich wissen Sie das und handeln zunächst danach, denn Sie beseitigen ja das Malheur. Das moralpathologisch Interessante ist nun allerdings, dass Ihre anfängliche

Stärke nicht lange anhält, nicht mal bis zum nächsten Abfallkorb. Sie leiden also nicht an einer Moralschwäche, sondern an überschneller moralischer Ermüdbarkeit. Denn es müsste Ihnen klar sein, dass nicht wirklich etwas gewonnen ist, wenn das »Geschäft« Ihres Hundes ein paar Hundert Meter entfernt von seinem Ursprungsort liegt, von der Tüte ganz zu schweigen. Und wenn es so etwas wie Punkte für richtiges Verhalten gäbe, dann wären alle, die Sie beim Aufsammeln erworben haben, mit dem Wegwerfen wieder verloren.

Deshalb sollten Sie einfach das richtig Angefangene durchhalten.

Völlig inakzeptabel ist es hingegen, sich auf den Spruch mit dem Glück zu berufen. Man kann darüber spekulieren, welchen Sinn es macht, Exkremente mit Fortuna zu verbinden. Wahrscheinlich soll es denjenigen aufheitern, der gerade versucht, seinen Schuh an einem Rasenstück oder mit einem Taschentuch zu reinigen. Vielleicht soll es auch die Idee einer ausgeglichenen Bilanz von Glück und Pech ausdrücken. Aber ganz sicher ist der Spruch keine Ausrede für den Verantwortlichen.

IM TOPF VERDORRT

»Es kommt immer wieder vor, dass ich längere Zeit auf Reisen bin und völlig vergesse, meine Topfpflanzen in irgendeiner Weise zu versorgen. Dann tut es mir immer so leid, wenn ich nach Hause komme und merke, dass eine meiner Pflanzen meine lange Abwesenheit nicht überlebt hat. Muss ich deshalb ein schlechtes Gewissen haben?«

DIETER B., HAMBURG

Dummerweise entdeckt man in keinem Buch über Ethik das Wort »Topfpflanzen« im Stichwortverzeichnis. Pflanzen finden sich nur als »Pflanzen, transgene« mit Verweis auf das Kapitel über Gen-Ethik, wo dann die Risiken der Gentechnologie erörtert werden. Sie haben aber ganz zu Recht weniger Sorgen, dass von Ihrer Bromelie eine Gefahr für die Ökosphäre ausgeht; Sie machen sich darüber Gedanken, dass die Pflanze Opfer Ihrer Nachlässigkeit geworden ist. Die Frage ist nun: Ist das vorwerfbar, also ethisch relevant?

Dabei geht es im weitesten Sinne um das Verhältnis von Mensch und Natur, das Gegenstand der Umweltethik ist. Wenn man eine Antwort sucht, muss man überlegen, welcher umweltethischen Richtung man folgen will. Je nachdem, wem gegenüber man eine moralische Pflicht sieht, unterscheidet man die Anthropozentrik, die alle Menschen in den

Mittelpunkt stellt, oder die Pathozentrik, die leidensfähige Lebewesen einbezieht. Noch weiter greifen die Biozentrik, nämlich auf alle Lebewesen, und schließlich der Holismus, welcher alle natürlichen Dinge für schutzwürdig befindet. Ihre Amaryllis und Ihr Elefantenfuß finden sich nur in den beiden weitesten Positionen – der Biozentrik und dem Holismus – geschützt, was schon einen deutlichen Hinweis darauf gibt, dass sie nicht zu den unbedingt zu bewahrenden Werten gehören.

Ich würde es jedoch anders lösen. Mir geht es darum, ob Sie etwas aus Laune heraus tun oder mit Begründung. Wenn es aus Gutdünken geschieht, fände ich es nicht einmal gut, wenn Sie Ihr Kaffeegeschirr aus dem Fenster würfen, obwohl das ganz bestimmt nicht lebt. Wenn die Vernachlässigung allerdings ein Versehen ist oder es sich einfach nicht anders lösen ließ, brauchen Sie sich meiner Meinung nach wegen Ihres zum Trockengesteck mutierten Gummibaums nicht mit endlosen Selbstvorwürfen zu zermartern.

Ökologie und Ethik, *herausgegeben von Dieter Birnbacher, Reclam Verlag, 1980.*

Biologie und Ethik, *herausgegeben von Eve-Marie Engels, Reclam Verlag, 1999.*

Thomas Potthast, Umweltethik. *Zu finden in:* Handbuch Ethik, *herausgegeben von Marcus Düwell, Christoph Hübenthal und Micha H. Werner, Verlag J.B. Metzler, 2002.*

SÜNDIGE FLEISCHESLUST

»Ich esse sehr gerne Fleisch, Wurst und Eier. Allerdings verunsichern mich die Skandale um nicht artgerechte Haltung – Legebatterien, Hormonbehandlungen, Tiertransporte. Ich frage mich, ob ich durch mein Verhalten dazu beitrage, dass Tiere ihr Leben lang gequält werden, nur um auf meinem Teller zu landen. Ich habe darüber nachgedacht, ob ich mein schlechtes Gewissen damit entlasten kann, Fleisch und Wurst im Bioladen zu kaufen. Allerdings müsste ich dann wesentlich mehr bezahlen und dieses Geld an anderer Stelle einsparen (Urlaub, Auto etc.). Außerdem kaufen so viele Leute Fleisch und Wurst im Supermarkt – ich als Einzelner kann eh nicht viel ändern.« ANGELA P., GRÖBENZELL

Es ist eine undankbare Aufgabe, beim Thema Genuss Bedenken zu wälzen, aber Ihre Frage ist mehr als berechtigt und man muss versuchen, sie mit von Bratendüften unvernebelten Sinnen zu beantworten.

Ihrem Schlussargument ist als Erstes entgegenzutreten. Es stimmt zwar, dass Sie als Einzelner auf die Gesamtmasse bezogen nicht viel ändern können. Andererseits besteht die Gesamtmasse aber aus einer Vielzahl von kleinen Beiträgen, und es wäre widersinnig, wenn sich jeder damit herausreden könnte, dass sein Anteil sehr gering sei. Weil Sie den Ihrigen gestalten können, müssen Sie ihn auch verantworten. Zudem stammt Ihr Schnitzel von einem ganz individuellen Tier, über dessen Haltung und Lebensbedingungen Sie an der Ladentheke mitbestimmen. Das heißt also, Sie müssen sich in der Tat Gedanken darüber machen, wie das Tier, das Sie essen, gehalten wird.

Was das bedeutet, beleuchtet das relativ junge Fachgebiet der Tierethik. Aristoteles meinte noch, dass die Natur die Tiere lediglich »um des Menschen willen hervorbrachte«, und Kant schlussfolgerte, dass der Mensch Tieren gegenüber nur deshalb nicht grausam sein dürfe, weil er das sonst leichter auch gegenüber anderen Menschen sei. Für ihn zählten nur Wesen mit Verstand – und den sprach er Tieren ab. Inzwischen gibt es eine Vielzahl von Theorien, die ethische Werte und Rechte von Tieren diskutieren, bis hin zu Albert Schweitzer, der jedes Leben als heilig betrachtet: »Ich bin Leben, das leben will, inmitten von Leben, das leben will.« Auch keine endgültige Lösung, aber einen sehr eingängigen Ansatz hat Jeremy Bentham bereits Ende des 18. Jahrhunderts formuliert: »Die Frage ist nicht: Können sie denken? Auch nicht: Können sie sprechen? Sondern: Können sie leiden?« Hier ist vieles umstritten, eines aber wohl allgemein anerkannt: Wenn es irgendwie vermieden werden kann, dürfen empfindende Tiere nicht geschädigt werden; genau das geschieht jedoch bei nicht artgerechter Haltung.

Natürlich sind Kosten ein Argument, zumal wenn das Geld ohnehin knapp ist. Solange es nur um das Wohlergehen der Tiere geht, muss Fleisch nicht unbedingt aus Bioläden kommen, sondern lediglich aus Betrieben mit artgerechter Haltung. Zugespitzt ausgedrückt ist für die Tierethik nicht so wichtig, ob die Kuh einen schadstoffarmen Grashalm frisst, solange sie ihn glücklich zermalmt. Auch liegen die höheren Preise von Bioprodukten mindestens zum Teil an den geringeren Mengen, die derzeit produziert werden; bei weiterer Verbreitung ließen sich die Preise senken. Wenn Lebensmittel aber gerade deshalb so billig sind, weil man bei der Produktion keine Rücksicht auf Tiere und Natur nimmt, lässt es sich ethisch nicht vertreten, diesen Preisunterschied für seinen persönlichen Vorteil zu nutzen. So unschön es klingt, notfalls müssen Sie verzichten: auf manches Stück Fleisch oder auf etwas anderes.

Aristoteles, Politik, *Deutscher Taschenbuch Verlag, 1973.*
Immanuel Kant, Eine Vorlesung über Ethik, *herausgegeben von Gerd Gerhardt, Fischer Taschenbuch Verlag, 1990.*
Albert Schweitzer, Kultur und Ethik, *C.H. Beck Verlag, 1960.*
Jeremy Bentham, An Introduction to the Principles of Moral and Legislation, *Oxford University Press, 1996.*

Kapitel VII

Mäuse & Moneten

NACH BARSCHAFT

»Wir ziehen demnächst aus unserer attraktiven Wohnung aus. Bestimmt würde unser Vermieter einen Nachmieter akzeptieren, den wir ihm empfehlen. Doch leider gibt es gerade niemanden in unserem Bekanntenkreis, der eine Wohnung braucht. Da läge es doch nahe, nach jemandem Ausschau zu halten, der gegen Belohnung eine Wohnung sucht, um bei erfolgreicher Vermittlung Geld zu kassieren. Aber irgendwie hätten wir dabei ein ungutes Gefühl. Zu Recht?«

KARIN R., MÜNCHEN

Eigentlich sieht das doch nach einer typischen Win-Win-Situation aus, bei der alle Seiten profitieren, hier sogar nach einer dreifachen Win-Win-Win-Variante: Der Vermieter findet mühlos einen neuen Mieter, dieser bekommt eine neue Wohnung, und Sie verdienen daran.

Dennoch haben Sie ein ungutes Gefühl, und dazu kann ich Sie nur beglückwünschen. An alle, die das nicht haben: Merken Sie denn nicht, wo wir uns jetzt befinden? Bei der Frage, wie viel man für sich rausholen darf, und damit mitten in einem Aspekt der aktuellen Kapitalismusdebatte. Nur trägt die andere Züge, wenn bei den Summen ein paar Stellen fehlen und die Protagonisten nicht Nadelstreifenanzüge, sondern Jeans und T-Shirt tragen. Und vor allem sieht sie ganz anders aus, wenn sie, wie hier, in einem Bereich stattfindet, in dem man selbst Handelnder und Begünstigter ist – statt wie sonst nur Beobachter, Urteilender, gar Leidtragender. Trotzdem sind es dieselben Fragen, und es gelten dieselben Prinzipen. Hat man sich das erst einmal bewusst gemacht, kann man in der politischen Debatte manche Emotionalität durch Reflexion ersetzen, umgekehrt aber auch das eigene Handeln kritischer betrachten.

Wie sieht es nun damit aus? Wir sind hier außerhalb der Diskussion um soziale Verantwortung und auch nicht bei der Frage, was eine angemessene Bezahlung für welche Leistung ist. Es geht darum, ob man aus jeder Situation möglichst maximalen Gewinn ziehen darf. Mag bei einer leeren, gleichsam kahl gefressenen Wohnung auch die Assoziation auftauchen – hier passt es nicht, das viel zitierte Bild des Heuschreckenschwarms. Eher das einer Elster, die sich alles nimmt, was glänzt, ohne zu fragen, ob es ihr gehört oder wenigstens zusteht. Wieso sollten Sie berechtigt sein, von Ihrem Nachmieter Geld zu verlangen? Nur weil Sie zufällig gerade in einer Machtposition sind?

Falls Sie nun Sorge tragen, auf einer Elsternliste zu landen, sobald Sie die Belohnung kassieren, so muss ich Sie beruhigen: Sie gehören dann zwar dorthin, aber sollte es diese Liste je geben, dürfte sie so lang werden, dass Sie kaum zu entdecken wären.

DER SCHULDRANZEN

»Als wir neulich einen Schulranzen für unseren Sohn kaufen mussten, haben wir verschiedene Modelle in einem Geschäft in der Stadt ausprobiert. Letztlich haben wir uns so für ein bestimmtes Modell entschieden und dieses dann im Internet für knapp sechzig Euro weniger bestellt. Jetzt fragen wir uns, ob es in Ordnung ist, Produkte erst im Einzelhandel auszuprobieren und womöglich auch noch eine Beratung in Anspruch zu nehmen, um sie dann wesentlich billiger im Netz zu kaufen.« HANS-JOACHIM T., AUGSBURG

Selbstverständlich können Sie jederzeit in ein Geschäft gehen und sich die Waren ansehen, ohne etwas zu kaufen. Sie können sich auch beraten lassen und wieder gehen, ohne Geld dort auszugeben. Den Ranzen mitzunehmen und nicht zu bezahlen ginge natürlich auf keinen Fall, aber das fragen Sie ja auch nicht. Doch im Ernst: Niemand wird von Ihnen verlangen, dass Sie alles, was Sie sich ansehen und zeigen lassen, dann auch kaufen. Das wäre rechtlich wie wirtschaftlich Unsinn. Es kommt deshalb entscheidend auf Ihre Absicht an.

Das Beratungsangebot eines Geschäftes zu nutzen ist in Ordnung, solange Sie im Prinzip planen oder auch nur in Erwägung ziehen, dort etwas zu erstehen. Anders ist es aber, wenn Sie von Anfang an keinesfalls vorhaben, tatsächlich im

Laden einzukaufen. Dann hat Ihr Besuch dort etwas von einer Lüge, denn unausgesprochen gehen in einem Geschäft, das ja vom Handel lebt, alle von einer zumindest abstrakten Kaufabsicht aus.

Meiner Meinung nach beantwortet sich Ihre Frage fast von allein, wenn Sie sich vorstellen, dem Verkäufer offen zu legen, was Sie vorhaben. Es wird ihn nicht stören, dass Sie sich zunächst informieren und dann entscheiden, ob, was und wo Sie kaufen. Doch folgenden Satz werden Sie ihm kaum ins Gesicht sagen wollen: »Ich möchte hier gar nichts kaufen, sondern mich nur kostenlos beraten lassen, um dann billiger im Internet zu bestellen.« Solch ein Ansinnen zu verheimlichen macht das entsprechende Handeln aber nicht besser, im Gegenteil, es kommt noch der Tatbestand der Täuschung hinzu.

Zu Recht erwarten können Sie kostenlose Beratung zum Beispiel hier – und selbst wir hoffen, dass Sie die *Süddeutsche Zeitung* oder dieses Buch kaufen.

EIN GUTER ZWECK?

»Gerade vor Weihnachten bekommt man zahlreiche Spendenaufrufe von gemeinnützigen Vereinigungen. Oft werden Adressaufkleber mit meinem Namen oder Weihnachtskarten jeweils mit dem Logo der Organisation beigefügt. Bin ich, wenn ich nicht spende, moralisch verpflichtet, das alles wegzuwerfen – was mir widerstrebt? Oder kann ich es, da es schon einmal in Haus ist, auch benutzen? Dabei würde ich jedoch den falschen Eindruck erwecken, ein großes soziales Gewissen zu haben.« JOHANNA H., AUGSBURG

Dass man im Alltag in moralische Zwickmühlen gerät, ist unvermeidlich, das bringt das Leben so mit sich. Dass aber solche Situationen systematisch geschaffen werden, womöglich um Sie zu beeinflussen, halte ich für falsch. Darauf läuft es aber hinaus, wenn Ihnen eine gemeinnützige Vereinigung, die nichts zu verschenken hat, zusammen mit einem Überweisungsformular unaufgefordert ein kleines Präsent zusendet – und sei es nur, um Ihre Aufmerksamkeit zu erregen.

Letztlich kann das, wenn überhaupt, höchstens mit dem guten Zweck gerechtfertigt werden, für den die Vereinigung wirbt. Das hilft Ihnen aber nicht weiter, die Sie sich in einer Zwickmühle befinden, für die es definitionsgemäß keine absolute Lösung gibt, sondern nur eine Rangfolge der Möglichkeiten: Das Beste dürfte sein, für den guten Zweck – wenn er Ihnen denn ein Anliegen ist – unabhängig von dem Präsent zu spenden. Damit tun Sie etwas Gutes und können zugleich guten Gewissens die Aufkleber und Karten verwenden. Wenn Sie allerdings nichts geben wollen, vielleicht weil Sie schon für etwas anderes gespendet haben, sollte Sie das nicht mehr als sonst belasten, und Sie dürfen die Dinge auch ruhig verwenden, denn es handelt sich um Werbegaben, die mit geringem Aufwand hergestellt werden. Und der Verein, der Ihr Gewissen unter Druck setzt, ist nicht schutzwürdiger als jede andere gemeinnützige Organisation, die um Ihre Unterstützung bittet.

Allerdings werden Sie dann tatsächlich zu Unrecht mit dem guten Zweck in Verbindung gebracht. Wenn Sie das stört, haben Sie keine andere Wahl, als die Sachen wegzuwerfen. Damit ist zwar weder den Bedürftigen noch der Umwelt geholfen, das haben aber nicht Sie zu verantworten, sondern derjenige, der sich die Spendenaktion ausgedacht hat. Und nachdem das schon lange so gemacht wird, scheint sie sich trotz allem zu rechnen.

Wenn Sie allerdings die Karten seit Jahren einfach so verwenden, können Sie ruhig einmal einfach so großzügig sein – ohne moralische Verpflichtung.

Zu meiner Überraschung zeigte sich im Laufe der Jahre, dass diese Frage die mit Abstand am häufigsten gestellte ist. Speziell in der Vorweihnachtszeit scheint dieses Problem zahlreiche Leser zu beschäftigen.

ALDI-ROULETTE

»Manchmal bekomme ich an der Kasse im Supermarkt zu viel Wechselgeld heraus. Oft bemerke ich es sofort, die Kassiererin aber offensichtlich nicht. Ist es unmoralisch, wenn ich dann nichts sage und das Geld einstecke, statt den Irrtum aufzuklären?« GUDRUN L., MÜNCHEN

Die von Ihnen geschilderte Situation kennt jeder. Vielleicht denkt manch einer sogar kurz darüber nach, ob er sich jetzt still freuen soll oder etwas sagen. Aber hoffentlich nicht länger als einen kurzen Augenblick. Der Kauf von Waren im Supermarkt ist nämlich kein Glücksspiel mit der Aussicht, etwas zu gewinnen, sondern ein Geschäft mit genau festgelegtem Ergebnis. Es kann daher gar keinen Zweifel geben, dass Sie moralisch verpflichtet sind, die Kassiererin auf ihren Irrtum aufmerksam zu machen.

Rechtlich mag das ganz anders aussehen. Der Jurastudent lernt schon im ersten Semester, dass man nicht gegen Rechtspflichten verstößt und sich auch nicht strafbar macht, wenn man in solchen und ähnlichen Fällen nichts sagt. Doch nicht alles, was einen nicht ins Gefängnis bringt, ist deshalb auch richtig. Statt am Strafgesetzbuch sollte man sich in so einem Fall eher am kategorischen Imperativ orientieren: Handle so, dass die Maxime deines Handelns jederzeit zugleich als Prinzip einer allgemeinen Gesetzgebung gelten könnte.

Sie müssen aber nicht einmal so tief schürfen, wenn Sie über diese Frage nachdenken. Sie können sich auch an eine einfachere Regel halten: Behandeln Sie Ihr Gegenüber so, wie Sie selbst behandelt werden wollen. Was würden Sie sagen, wenn Sie nachträglich feststellen, dass Sie beim Bezahlen aus Versehen zu viel Geld hingelegt haben und dass die Kassiererin das zwar bemerkt, aber nichts gesagt hat? Sie wären zu Recht entrüstet und würden sich beschweren! Warum sollte umgekehrt anderes gelten? Zwar denken viele zuerst an ihren eigenen Vorteil, aber insgesamt wird das Leben doch recht mühsam, wenn man gar nicht mehr mit der Ehrlichkeit seiner Mitmenschen rechnen kann.

Bedenken Sie außerdem einen ganz praktischen Aspekt: Wenn es um kleine Beträge geht, ist es einfach, moralisch zu sein, also das Geld zurückzugeben; wenn es um große Beträge geht, ist es ohnehin undenkbar, anders zu handeln.

Einen guten Einstieg bietet: Kant für Anfänger. Der kategorische Imperativ, *Eine Lese-Einführung von Ralf Ludwig. Deutscher Taschenbuch Verlag, 1995.*

BEEREN-AULESE

»Auf Erdbeerfeldern zum Selberpflücken zahlt man, wenn man fertig ist, für die Menge an Erdbeeren, die man mitnimmt. Was man während des Pflückens gegessen hat, muss man nicht bezahlen. Es gibt auch keine Vorschriften darüber, wie viel man direkt auf dem Feld verspeisen darf. Kürzlich hatten wir nun eine Diskussion, ob es unmoralisch wäre, sich dort den ›Magen voll zu schlagen‹ und dann nur eine kleine Menge zu kaufen. Wie sehen Sie das?«

GRUNDKURS ETHIK DES
STIFTLAND-GYMNASIUMS, TIRSCHENREUTH

Offensichtlich kann Völlerei nicht nur körperliche, sondern auch moralische Bauchschmerzen verursachen: Der Esser handelt weder rechts- noch vertragswidrig und doch – so viel sei vorweggenommen – nicht richtig. Das Verhältnis von Recht und Moral hat sich im Laufe der Geschichte verändert und bleibt bis heute umstritten. Die in archaischen Gesellschaften bestehende Einheit der beiden schwächte sich zunehmend ab, im 18. Jahrhundert vollzogen die Philosophen Christian Thomasius und Immanuel Kant dann eine Trennung zwischen Recht und Moral, die vor allem der individuellen Freiheit diente: Letztendlich sollte damit das von rechtlichen Zwängen freie moralische Handeln des Einzelnen ermöglicht werden. Nach dieser Auffassung wäre es für die ethische Beurteilung gänzlich irrelevant, ob das Tun erlaubt oder verboten ist.

So weit würde ich nicht gehen, aber sicherlich kann für die Bewertung einer Handlung nicht allein ausschlaggebend sein, ob Nutzungsbedingungen eingehalten werden. Dabei bliebe neben den Folgen die Motivation unberücksichtigt. Die aber halte ich hier für entscheidend: Will jemand eine kleine Menge Erdbeeren pflücken und isst dabei mehr, stellt das eine moralisch unbedenkliche, für den Kunden günstige Konstellation dar. Geht er dagegen aufs Feld, um sich vollzuessen, und bezahlt als Alibi ein paar Beeren, nutzt er planvoll eine »Lücke« aus, mit dem Ziel, den eigenen Nutzen zu maximieren. Das ist verwerflich, und hier kann auch nicht das Argument überzeugen, dass der Erdbeerbauer die negativen Folgen seiner Geschäftsbedingungen in Kauf nehmen muss. Denn dass Kunden ihre Position gnadenlos ausreizen, muss ein Geschäftsmann vielleicht wirtschaftlich, nicht aber moralisch einkalkulieren.

Immer wieder erhalte ich Zuschriften von Ethik- oder Religionsklassen und -kursen beziehungsweise deren Lehrern. In manchen Briefen wird berichtet, dass die wöchentliche Gewissensfrage im Unterricht besprochen wird; oft werden auch, wie hier, im Unterricht diskutierte Fragen eingesendet. Derartige Rückmeldungen freuen mich besonders. Weil die Kolumne aber vor allem konkrete Fragen aus dem Alltag behandeln soll, muss die Beantwortung erdachter Situationen eine Ausnahme bleiben.

AUF SPARFLAMME

»Ich bin ein religiöser Mensch und zünde in unserer Kirche ungefähr einmal pro Woche zwei Kerzen für meine beiden Kinder an. Die Kerzen kosten fünfzig Cent. In Anbetracht der sehr hohen Kirchensteuer, die mein Mann und ich bezahlen, finde ich das überteuert. Ich bringe deshalb des Öfteren eigene Teelichter mit und zünde diese an, statt jene zu benutzen, welche die Kirche zur Verfügung stellt. Da ich weiß, dass die fünfzig Cent eine Spende für die Kirche sein sollen, habe ich allerdings Gewissensbisse. Zu Recht?«

STEFANIE H., MÜNCHEN

Beim Anzünden von Kerzen – noch dazu in einer Kirche – Gewissensbisse zu bekommen, ist sicherlich ungewöhnlich. Doch kann ich Ihre Bedenken verstehen, weil zwei unterschiedliche Aspekte betroffen sind.

Die brennende Kerze in der Kirche ist ein Symbol für Ihr damit verbundenes Anliegen. Und zwar unabhängig davon, ob Sie sie in der Kirche erstanden oder von zu Hause mitgebracht haben. Im Gegenteil, mir gefällt die Idee so gar nicht, dass Ihr Anliegen nur gegen einen Obolus derart flammend vorgetragen werden kann. Es erinnert sogar ein wenig an unselige Zeiten, getreu dem Spruch: »Wenn das Geld im Kasten klingt, die Seele froh zum Himmel springt.« Insofern ließe sich argumentieren, dass Ihre mitgebrachten Lichter reiner leuchten, frei vom Ruch des Mammons.

Auf der anderen Seite soll das Geld für die Kerzen auch die Kosten decken, die das Abbrennen verursacht: Anschaffung des Leuchters, Reinigung, Kontrolle des offenen Feuers und vor allem die Beseitigung der teilweise nicht unerheblichen Verrußung, weswegen die meisten Kirchen rußarme Kerzen verwenden. All dies nutzen Sie dann ohne entsprechende Gegenleistung.

Die Entscheidung, was nun im Vordergrund steht, kommt im Prinzip der jeweiligen Kirchenverwaltung als »Hausherrin« zu. Trotzdem kann man selbst abwägen. Mich persönlich stört es, in jedem Kerzenständer ein eigenes Profit-Center zu erblicken, das sich unabhängig von Ihren allgemeinen Kirchensteuerbeiträgen selbst tragen soll. Ich kann auch nicht erkennen, welchen Abbruch die säkulare Herkunft der Teelichter dem eigentlich Zentralen, Ihrem religiösen Anliegen, tun soll. Meiner Meinung nach können Sie daher Ihre Kerze, so rußarm, dort mit ruhigem Gewissen entzünden.

HOPPLA, GELD ÜBRIG!

»Für eine größere Gruppe habe ich eine Silvesterfeier organisiert. Ich ließ bei Tisch eine Art Klingelbeutel herumgehen und bat, jeweils fünf bis sechs Euro für Essen und Trinken beizusteuern. Einige haben bedeutend mehr hineingelegt und es ist Geld übrig geblieben. Im Nachhinein ist nicht mehr festzustellen, wer nun wie viel bezahlt hat. Eine Umlage auf alle und Rückzahlung (jeweils ein Euro) ist praktisch unmöglich. Darf ich das Geld behalten? Soll ich es für meine nächste Party verwenden? Oder muss ich das Geld für einen guten Zweck spenden? Was soll ich tun?« MARTIN R., AUGSBURG

Haben Sie schon überlegt, wem Sie spenden? Bei Geld von einem rauschenden, gar rauschhaften Fest wären vielleicht eine Hungerhilfe oder die Anonymen Alkoholiker passend. Doch ganz im Ernst: Zu spenden ist zwar immer schön, hier aber nicht zwingend. Wahrscheinlich haben Sie ein schlechtes Gefühl, weil die Gäste für einen bestimmten Zweck gegeben haben, dem der Rest nun nicht zukommt. Allerdings haben Sie ja keinen echten Klingelbeutel herumgehen lassen, und die Party war auch sicherlich keine Wohltätigkeitsveranstaltung. Die Gäste haben schlicht für Essen und Trinken bezahlt, das haben sie bekommen, nebenbei bemerkt: auch noch recht kostengünstig.

Manchmal ist es ganz nützlich sich vorzustellen, wie die Betroffenen reagieren würden, wenn man ihnen die Sache erzählt. Zu sagen: »An der Silvesterfeier habe ich soundso viel verdient«, könnte zu Recht Unmut hervorrufen, weil es nach Absicht klingt. Die hatten Sie aber gar nicht. Richtiger wäre demnach: »Bei der Feier ist überraschend etwas übrig geblieben.« Das wird kaum jemanden stören, erst recht nicht, wenn Sie dann noch anfügen: »Was ich für die nächste Feier verwende.«

Letztlich entscheidend für mich ist aber die folgende Überlegung: Sie haben das Fest organisiert. Damit hatten Sie nicht nur die Arbeit, sondern auch das finanzielle Risiko. Erfahrungsgemäß bleibt bei den meisten Feiern nicht nur nichts übrig, sondern der Organisator auf einem Fehlbetrag sitzen. Ist es ausnahmsweise einmal umgekehrt, sehe ich kein Problem darin, das Geld für eine andere Party zu verwenden; ja nicht einmal darin, es einfach zu behalten. Was aber nicht bedeutet, dass es umgekehrt unmoralisch wäre, doch eine Hilfsorganisation zu bedenken.

WENN DAS BIER RAUSMUSS

»In den meisten Münchner Biergärten ist die Betreuung der Toiletten an externes Personal übergeben worden. Wenn ich nun nach dem Genuss einer oder mehrerer Mass Bier aufs Klo muss, sitzt die Toilettenfrau davor und grüßt freundlich. Bin ich wirklich verpflichtet, für die Toilettenbenutzung zu bezahlen, obwohl dies doch die natürliche Folge eines Biergartenbesuches ist und obwohl ich den Preis von über fünf Euro für eine Mass Bier für hoch genug halte, um damit auch das Reinigen der Aborte zu finanzieren?«

KARL S., MÜNCHEN

Fragen zu dieser Problematik erreichen mich regelmäßig. Dass ich sie erst jetzt beantworte, liegt an meiner großen Sorgfalt: Ich sah mich genötigt, umfangreiche Recherchen in den Münchner Biergärten durchzuführen. Da sich dabei jedoch regelmäßig eine gewisse Trübung der analytisch-investigativen Fähigkeiten einstellte, musste ich immer wieder neue Anläufe unternehmen …

Wäre die Stimmung in den Biergärten nicht eine so befriedende, würde mich der Zorn packen. Dort wird nämlich das schlechte Gewissen der Gäste planvoll ausgenutzt: Jeder fühlt sich verpflichtet, dem Toilettenpersonal, das eine weder schöne noch besonders lukrative Arbeit verrichtet, etwas zukommen zu lassen, speziell wenn man gerade bereit war, für einen Liter eigenen Vergnügens eine stattliche Summe aufzubringen.

Aber in diesem Bierpreis müssen andererseits auch ein paar Cent enthalten sein, um die teuer zugeführten Flüssigkeitsmengen wieder ordnungsgemäß zu entsorgen. Das zu regeln ist Aufgabe des Wirts, und die wird er nicht los, wenn er sie auf Dritte, meist Reinigungsfirmen, überträgt. Er selber muss dafür sorgen, dass die Leute in seinem Biergarten ordentlich entlohnt werden, nicht seine Gäste. Deshalb sind Sie nicht genötigt, ohne weiteres etwas zu bezahlen, auch oder gerade nicht bei einem bewusst darauf ausgerichteten Augenkontakt.

Die Münzen, die Sie auf dem Tellerchen hinterlassen, sind keine Gebühr, sondern – obwohl es ums Gegenteil geht – ein Trinkgeld. Das gibt man, wenn man mit einer Leistung zufrieden war; also wenn das Personal die Toilette wirklich sauber hält. Wenn das so ist, sollte man aber auch nicht knausern und damit den Klofrauen neben der finanziellen auch menschliche Anerkennung zukommen lassen.

RATLOS AM REGAL

»Beim Kauf von Milchprodukten aller Art achte ich stets darauf, jene mit dem spätesten Haltbarkeitsdatum auszuwählen. Für das gleiche Geld bekomme ich für mich und meine fünfköpfige Familie somit schmackhaftere, gesündere und länger haltbare Produkte. Dies ist ökonomisch vorteilhaft und sicher nicht verboten. Aber: Wird nicht ein Teil der Ware letztendlich weggeworfen, wenn viele sich so verhalten? Oder sind andere Kunden die Leidtragenden, wenn sich einige – wie in dem Falle ich – immer das Beste nehmen?«

INGER B., KONSTANZ

Fast bin ich versucht zu sagen: Bei Produkten, die im Supermarkt abgepackt zur Auswahl stehen, wird es Ihnen mit keiner Maßnahme gelingen, schmackhafte und gesunde zu erhalten. Andererseits, während ich dies schreibe, löffle ich nebenher einen Vanillejoghurt, welcher mir nicht nur sehr gut schmeckt, sondern auch noch verspricht, sich in meinem Inneren nach rechts zu wenden, was meiner Gesundheit förderlich sein soll. Womöglich kann er das ab dem Verfallsdatum nicht mehr? Altersschwäche? Wenn das Datum so etwas wie eine Jogurt-Pensionsgrenze darstellt, könnte von Altersschwäche keine Rede sein, vielmehr wäre er noch etwa dreißig Jahre lang in der Lage, dies alles zu tun. Er wird es aber vorziehen, ab diesem Tag in meinem Darm ebenjene dreißig Jahre lang stattdessen nur noch Golf zu spielen.

Kurzum, ich kann Ihr Anliegen verstehen. Und ich halte Ihr Verhalten nicht für vorwerfbar, solange es im richtigen Rahmen bleibt. Denn was wären die Alternativen? Sie stehen vor zwei Packungen Frischmilch. Die eine hält länger als die andere. Sie könnten nun Allgäuer Roulette spielen, die Augen schließen und den Zufall entscheiden lassen. Oder aber mit Bedacht die ältere greifen. Beides kann man angesichts der freien Auswahlmöglichkeit, die Prinzip des Selbstbedienungsladens ist, zwar erwägen, aber nicht verlangen. Sie müssen sich ja auch nicht am Obststand die angeschlagenen Äpfel heraussuchen. Das Ganze hat allerdings eine Grenze. Die wäre erreicht, wenn Sie beginnen, Kisten zu öffnen, um an die neuesten Packungen zu kommen. Denn diese stehen eben noch nicht »zur Auswahl«.

Übrigens am Rande: Eine Möglichkeit wäre auch, bei den Produkten, die man gleich verzehrt und nicht lagern möchte, die früher verfallenden zu nehmen. Denn ganz von der Hand zu weisen sind Ihre Bedenken nicht.

ZU VIEL KLEINGELD

»Immer wieder ertappe ich mich dabei, dass ich den Bettlern auf der Straße weniger aus Nächstenliebe eine ›kleine Spende‹ zukommen lasse, als vielmehr aus dem banalen Grund, mich des Kleingelds in meinem Portmonee auf gleichsam edle Weise zu entledigen. Nun kann es dem Bettler ja gleich sein, warum ich ihm etwas gebe. Auf der anderen Seite frage ich mich, ob eine gute Tat nicht bestimmt sein sollte von der Ethik des Mitgefühls. ›Wer da gibt, der gebe gern‹, heißt es in der Bibel. Das tue ich zwar, aber aus recht eigennützigen Motiven. Was meinen Sie?« DIETER R., BREMEN

Offensichtlich laborieren Sie an einer ausgeprägten »Gewissensverkantung«. Ein hierzulande verbreitetes Leiden – im Gegensatz zum angelsächsischen Raum, wo der Utilitarismus, die Philosophie der Nützlichkeit, eine größere Tradition hat. Der Ursprung Ihres Dilemmas liegt in Immanuel Kants Unterscheidung zwischen pflichtgemäßem Handeln und Handeln aus Pflicht: »Es ist überall nichts in der Welt, ja überhaupt auch außerhalb derselben zu denken möglich, was ohne Einschränkung für gut könnte gehalten werden, als allein ein guter Wille.« Und dieser bedeutet nach Kant ein Handeln allein und nur aus Pflicht, also nach Grundsätzen, die frei sind von eigennützigen Motiven oder persönlichen

Neigungen: dem »moralischen Gesetz«. Ein Verhalten dagegen, das zwar nach außen hin pflichtgemäß ist, also dasselbe Ergebnis hat, aber auf Zuneigung oder selbstsüchtigen Absichten beruht, soll ihm zufolge moralisch wertlos sein. Dieser Gegensatz ist sehr umstritten, und schon Kants jüngerer Zeitgenosse Friedrich Schiller hat ihn mit seinem berühmten Spottvers angegriffen: »Gerne dien ich den Freunden, doch tu ich es leider mit Neigung, / Und so wurmt es mir oft, dass ich nicht tugendhaft bin. / Da ist kein anderer Rat, du musst suchen, sie zu verachten, / Und mit Abscheu alsdann tun, wie die Pflicht dir gebeut.«

Nun handeln Sie ja nicht aus Zuneigung zu dem Bettler, sondern tatsächlich eigennützig. Doch wo läge der Vorteil, wenn Sie es Kant zuliebe sein ließen? Zugegeben, man kann über eine Ethik, die sich rein an den Folgen orientiert, unterschiedlicher Meinung sein. Allerdings hier auch über Kant: Ihr Handeln verletzt keine Grundwerte und allen Beteiligten ist geholfen. Was soll daran schlecht sein?

Immanuel Kant, Grundlegung zur Metaphysik der Sitten, *Reclam Verlag, 1991.*
Friedrich von Schiller, Xenien, *zu finden in:* Sämtliche Werke, *Deutscher Taschenbuch Verlag, 2004.*

ETHIK ODER PEDANTERIE

»Nach dem Einkauf ist mir mehrfach aufgefallen, dass sich die Kassiererin vertippt und die teurere Apfelsorte oder einen höheren Paprikapreis berechnet hat. Da ich die Zettel meist erst auf dem Heimweg oder vor dem Wegwerfen angucke, ist mir der Aufwand zu groß, wegen zehn oder zwanzig Cent zurückzugehen; beim nächsten Einkauf ist das bereits vergessen. Heute merkte ich, dass versäumt wurde, das Pfand zu berechnen, aber auch wieder erst zu Hause. Wie müsste sich ein weniger bequemer, aber moralisch handelnder Mensch in diesem Fall verhalten?« FRANK O., BONN

Sie haben offenbar eine Vermutung. Und im Grundsatz haben Sie völlig recht damit. Moralisch wäre es geboten, auch einen zu geringen Rechnungsbetrag, so man ihn bemerkt, zu monieren. Da Sie das zu Hause nicht tun können, müssten Sie also zurückgehen oder den Fehler beim nächsten Einkauf ansprechen. Das scheint relativ einfach und schnell dargelegt. Dem Ganzen liegt die Annahme zu Grunde, dass moralische Prinzipien immer gelten, also auch dann, wenn es nur um zehn oder zwanzig Cent geht.

In dieser Absolutheit halte ich das jedoch nur bedingt für richtig. Man muss sich davor hüten, moralisch richtig mit übergenau gleichzusetzen und Ethik mit Pingeligkeit zu verwechseln. Natürlich sind Prinzipien bei ethischen Betrachtungen wichtig, sogar unabdingbar. Aber die Ethik ist nicht die Wissenschaft vom Aufstellen von Befehlen und Verboten, sondern die Lehre davon, wie wir unser Zusammenleben richtig gestalten sollten. Die Ethik muss also das Leben unterstützen und darf nicht rein theoretisch sein. Eine Regel, welche von Ihnen fordert, sich wegen ein paar Cent noch einmal auf den Weg zum Supermarkt zu begeben, ist nicht wertvoll, sondern sinnlos. Und sich aus reiner Prinzipientreue daran zu halten, ist nicht moralisch zwingend, sondern eher psychologisch zwanghaft.

Ich will hier nicht der Schludrigkeit das Wort reden; Genauigkeit hat einen Wert, bei meiner Bank erwarte ich sie auf den Cent. Bisweilen kann es aber moralischer sein, einmal fünf gerade sein zu lassen. Denken Sie nur an die Großzügigkeit: Die ist hoch zu schätzen, weil sie das Zusammenleben verbessert.

Kapitel VIII

Körper & Gesundheit

ES GEHT UM LEBEN UND TOD

»Ich habe bewusst keinen Organspenderausweis, da ich mich nicht in der Lage fühle, mich mit dem Gedanken an meinen eigenen Tod bzw. einen schweren Unfall auseinanderzusetzen. Da ich aber andererseits Realist bin, weiß ich, dass ich selber einmal auf ein Spenderorgan angewiesen sein könnte. Muss ich angesichts dieser Tatsache ein schlechtes Gewissen haben oder ist nicht das gesamte Thema Leben und Tod derart privat, dass es sich einer moralischen Bewertung entzieht?«

JAN K., SALZGITTER

Mit Ihrem Zwiespalt stehen Sie nicht allein. Laut Umfragen wären etwa siebzig Prozent der Bevölkerung bereit, im Todesfall ein Organ zu spenden, jedoch besitzen nur etwa zehn Prozent einen Spenderausweis. Ist dieses Auseinanderklaffen bedenklich oder Privatsache? Ich meine, es ist bedenklich. Vor allem vor dem Hintergrund, dass in Deutschland mehr als zehntausend Menschen auf ein Spenderorgan warten und Verbänden zufolge jeden Tag drei Menschen sterben, weil sie keines bekommen. Vergleicht man das Opfer, nach seinem Tode Teile seines Körpers zu geben, mit der Möglichkeit, dadurch ein Leben zu retten, spricht meiner Meinung nach moralisch sehr viel dafür, dies auch zu tun; also gibt es auch gute Gründe dafür, sich bereits zu Lebzeiten damit zu beschäftigen.

Selbstverständlich kann niemandem vorgeworfen werden, Organverpflanzungen abzulehnen, sei es aus religiösen oder weltanschaulichen Gründen, sei es aus Sorge vor Missbrauch. Zwar teile ich diese Bedenken nicht, respektiere sie aber. Probleme habe ich allerdings, wenn ich in einer Umfrage lese, dass 98 Prozent der Befragten im Krankheitsfall ein Spenderorgan bekommen, jedoch nur 67 Prozent als Spender zur Verfügung stehen wollen. Das knappe Drittel, das hier je nach eigenem Vorteil in eine andere Richtung entscheidet, sollte aber doch eines beachten: Moral ist keine Einbahnstraße, und Grundsätze haben, wollen sie achtenswert sein, keine Vorder- und Rückseite.

Zu guter Letzt spricht noch etwas gegen Ihr Verdrängen: Das daraus folgende Schweigen würde in Österreich oder Belgien, wo die so genannte Widerspruchsregelung gilt, als automatische Zustimmung zur Organentnahme verstanden werden. Nach der bei uns geltenden erweiterten Zustimmungsregelung müssten sich Ihre nächsten Angehörigen im Trauerschmerz an Ihrer Stelle Ihre ungeliebten Gedanken machen und versuchen, Ihre Entscheidung nachzuholen. Allein schon um ihnen das zu ersparen, darf man einer Auseinandersetzung mit diesem Thema nicht ausweichen.

Ein lesenswerter Beitrag zum Thema: Organstransplantationen. Erklärung der Deutschen Bischofskonferenz und des Rates der EKD, *Bonn/Hannover 1990, zu finden im Internet unter www.ekd.de.*

DER PILS-SUCHER

»Vor mir in der Schlange an der Supermarktkasse stand ein leicht alkoholisierter, wahrscheinlich obdachloser Mann, in der Hand eine Menge Münzen, offensichtlich genau abgezählt zur Bezahlung einer Dose Bier, die schon auf dem Laufband stand. Es war alkoholfreies Bier – das der Kunde vielleicht irrtümlich gegriffen hatte. Nun die Frage: Hätte ich den Mann darauf hinweisen sollen, dass er sein Geld in eine Dose Bier investiert, die zwar gesünder für ihn ist, ihm aber womöglich nicht schmecken wird?«

MAXIMILIAN L., MÜNCHEN

Wäre unsere Zeitung nicht in München beheimatet, könnte ich es mir leicht machen. Doch die Behauptung: »Da schmeckt man doch keinen Unterschied«, würde hier jedes Kind als Lüge entlarven und ich verlöre jegliche moralische Autorität. Deshalb wende ich mich lieber den wirklichen Knackpunkten der Frage zu.

Als Erstes: Ist es nicht schon falsch, jemandem rein nach dem Äußeren zu unterstellen, dass er unbedingt Alkohol kaufen will? Das ist ein Vorurteil und nur gerechtfertigt, wenn Sie daraus keine negativen Schlüsse über die Person ziehen. Deshalb als Nächstes: Besteht die Verpflichtung, einen Mitmenschen auf einen – vermuteten – Irrtum aufmerksam zu machen? Hier zögert man kurz, um nicht den chronischen Weltverbesserern das Wort zu reden. Trotzdem wird man es in einem Fall wie dem Ihren bejahen: Wenn Sie etwas bemerken, was dem anderen vielleicht entgangen ist, haben nur Sie die Möglichkeit, etwas zu ändern – und somit die Verantwortung dafür. Und mit dem Hinweis: »Das ist alkoholfreies Bier!«, schreiben Sie dem Herrn ja nicht vor, was er tun soll, sondern stellen lediglich sicher, dass er weiß, was er tut.

Gilt nun etwas anderes aus Sorge um die Gesundheit des Kunden? Wieder sollte man sich davor hüten, seine Umgebung erziehen zu wollen. Das Besondere hier: Sie entmündigen den Herrn stärker, wenn Sie sich nicht einmischen. Denn Ihre Überlegung wäre doch: Er will bestimmt richtiges Bier kaufen, aber ich weiß besser, was gut für ihn ist, und sage deshalb nichts. Prinzipiell ist aber jeder auch seines Unglücks Schmied. Bis zu gewissen Grenzen: Nicht nett wäre etwa, einen Selbstmörder zu erinnern, ja seine Pistole zu laden. Doch – Gefahren des Alkohols hin oder her – mit der durchschlagenden Wirkung dieses Tipps ist der Ratschlag an der Kasse nur schwer zu vergleichen.

KRANKE KASSE

»Seit meiner Kindheit leide ich an einer sehr schmerzhaften Herpes-simplex-Infektion. Viele Jahre gelang es, die Geschichte mit teuersten Medikamenten in Schach zu halten. Inzwischen wendet meine Hausärztin mit Erfolg eine Prävention an, die nicht von der Krankenversicherung bezahlt wird. Um mir diese Kosten zu ersparen, berechnet sie eine andere Therapie, die die Kasse anstandslos erstattet. Darf ich diese ›Lösung‹ guten Gewissens in Anspruch nehmen?«

ANGELIKA K., FÜRTH

Wenn man Ihre Frage auf einen Punkt reduziert, wollen Sie wissen, ob Sie guten Gewissens an einem Betrug mitwirken dürfen. Das ist nur scheinbar provokant formuliert, denn man kommt gar nicht umhin, das Ganze als Betrug zu bezeichnen: Ihre Ärztin berechnet zu Lasten Ihrer Krankenversicherung eine Therapie, die sie nicht angewendet hat, damit Sie von dort eine Erstattung erhalten, die Sie bei richtiger Abrechnung nicht bekämen. Meine Antwort darauf wird keine große Überraschung sein: Nein, natürlich dürfen Sie das nicht! Und vermutlich sehen Sie das auch so, sonst hätten Sie das Wort »Lösung« nicht in Anführungszeichen gesetzt.

Für dieses Vorgehen spräche allenfalls ein Aspekt: Sie wollen sich nicht bereichern, sondern lediglich eine für Sie wirkungsvolle Behandlung auf Kosten Ihrer Krankenversicherung erhalten. Die aber bezahlt lieber teuerste Medikamente. Deshalb korrigieren Sie mit der »kleinen Täuschung« vermeintlich widersinnige Bestimmungen zu Gunsten eines vernünftigen Ergebnisses. Also moralisch doch in Ordnung? Ich meine, nein. Selbst wenn Sie das Verhalten der Versicherung für völlig unsinnig halten, berechtigt das nicht zum Betrug. Dazu kommt man nicht nur, wenn man es rechtlich betrachtet. Überprüfen Sie es doch einmal mit dem kategorischen Imperativ: Sie halten die Bestimmungen der Versicherung für falsch, der Sachbearbeiter sieht das anders, deshalb umgehen Sie seine Entscheidung. Was wäre, wenn man Ihr Handeln zum allgemeinen Gesetz erhöbe? Jeder wäre moralisch berechtigt, ihm unsinnig erscheinende Regeln zu unterlaufen. Am Ende stünden alle allgemeinen Gebote zur Disposition. Ein Ergebnis, das Sie sicher nicht wollen. Ihre verständliche Motivation kann deshalb Ihr Verhalten zwar in einem milderen Licht erscheinen lassen, es aber nicht rechtfertigen.

§ 263 StGB Betrug

(1) Wer in der Absicht, sich oder einem Dritten einen rechtswidrigen Vermögensvorteil zu verschaffen, das Vermögen eines anderen dadurch beschädigt, dass er durch Vorspiegelung falscher oder durch Entstellung oder Unterdrückung wahrer Tatsachen einen Irrtum erregt oder unterhält, wird mit Freiheitsstrafe bis zu fünf Jahren oder mit Geldstrafe bestraft.

EIN STRAHLENDES HAUS

»Meine Nachbarin bat mich neulich, mein schnurloses Telefon abzuschaffen, da die Strahlung auf Dauer schädlich sei. Seit ein anderer Nachbar sein Telefon auf ihre Bitte abgeschaltet habe, gehe es ihr gesundheitlich besser. Obwohl es nach meinen Informationen keine wissenschaftlichen Beweise für eine schädigende Wirkung gibt, würde sich meine Nachbarin, die fest daran glaubt, bestimmt wohl fühlen, wenn auch ich mein schnurloses Telefon abschalten würde. Soll ich ihr diesen Gefallen tun?« MARIA T., STUTTGART

Ihre Frage gibt mir die willkommene Gelegenheit, ein altes Anliegen zu erläutern. Um damit in die Annalen der Moralphilosophie einzugehen, möchte ich ihm den Namen amplitudendifferenzgesteuert-utilitaristisches Subjektivierungsprinzip (ADUSP) geben.

Was meine ich nun damit? Ihr Telefon ist vermutlich zugelassen und hält die offiziellen Grenzwerte ein. Das Rechtssystem hat die Funktion, die Interessen der Einzelnen in Einklang zu bringen, hier also die Ihrer Nachbarin nach möglichst wenig Strahlung und die Ihren nach Bequemlichkeit beim Telefonieren. Da beides nicht zusammenpasst, müssen die Interessen gegeneinander abgegrenzt werden; eben durch »Grenzwerte«, welche der Staat, an sachlichen Untersuchungen orientiert, die verschiedenen Interessen abwägend – hoffentlich –, möglichst objektiv festlegt. Damit sind Sie nicht nur »im Recht«, sondern objektiv betrachtet auch moralisch berechtigt, ein solches Telefon zu verwenden.

Und an dieser Stelle möchte ich einhaken: Wenn nämlich durch eine objektiv richtige Regelung der eine in seinem persönlichen Empfinden (subjektiv) besonders stark (mit großer Amplitude, also großem Ausschlag) beeinträchtigt ist und der andere nach seinem Empfinden (wieder subjektiv) daraus keinen besonders hohen Nutzen (geringe Amplitude) zieht, der Unterschied im Ausmaß der empfundenen Beeinträchtigung bzw. des Nutzens (die Amplitudendifferenz) also sehr groß ist, sollte im Sinne einer Maximierung des Nutzens für alle (das Prinzip des Utilitarismus) von der objektiven Betrachtungsweise abgewichen (subjektiviert) werden. Mit anderen Worten: Wenn dem einen etwas besonders wehtut, auf das zu verzichten dem anderen überhaupt nicht schwer fällt, kann man das von ihm verlangen. Psychisches Wohlbefinden hat auch Gewicht in der Waagschale.

Das bedeutet für Sie: Wenn Ihre Nachbarin wirklich leidet und ein Schnurtelefon für Sie kein großes Opfer darstellen würde, erweisen Sie ihr den Gefallen. Sonst funken Sie weiter.

WAR WAS, DOC?

»Mein Zahnarzt hat, als ich Student war, viele teure Behandlungen, die ich mir nicht leisten konnte, zum ›Studententarif‹ abgerechnet, also den Betrag, den die Krankenkasse bezahlte. Er meinte, dafür solle ich, wenn ich einmal genug Geld hätte und eine umfassende Behandlung bräuchte, wieder zu ihm kommen. Nun ist es so weit. Allerdings habe ich inzwischen erfahren, dass er kein guter Zahnarzt ist; viele Patienten sind unzufrieden. Muss ich mich jetzt, obwohl ich eigentlich nicht mehr will, in seine nicht sehr vertrauenerweckenden Hände begeben, um moralische Schulden abzuzahlen?«

CHRISTIAN L., BERLIN

Irgendwie hat die Idee, dass Sie verpflichtet sein könnten, Ihren Körper einem Mitmenschen auszuliefern, etwas von Leibeigenschaft – allerdings eine höhere Form, da es nicht um Pfründe oder Rechte, sondern um moralische Schulden geht. Oder sie erinnert an einen faustischen Pakt, den Sie in jungen Jahren geschlossen haben. Doch ich kann Sie beruhigen: Der Pakt zwingt Sie nicht, zu diesem Zahnarzt zu gehen. Wohl sind Sie eine gewisse Verpflichtung eingegangen, aber sicher wollten schon damals weder Sie sich fest binden, noch durfte Ihr Zahnarzt das annehmen. Bei normaler Lebenserwartung war zwar davon auszugehen, dass Sie irgendwann eine Gebisssanierung benötigen. Aber zum Beispiel konnten Sie nicht wissen, ob Sie dann noch in der gleichen Stadt wohnen. Das ganze Arrangement war daher von vornherein eher unverbindlich.

Nun haben Sie gehört, dass Ihr Zahnarzt kein Meister seines Fachs sein soll. Wenn das tatsächlich stimmt, ist es ohnehin nicht angebracht, sich aus moralischen Gründen in seine Behandlung zu begeben. Schließlich geht es um Ihre Gesundheit, kein absolutes, aber ein sehr hohes Gut. Den Leibwächter mag eine Vereinbarung dazu zwingen, seine Gesundheit zu opfern – Sie aber nicht.

Auch wenn die Gerüchte nicht zutreffen – schließlich kann ein Laie die Qualität einer zahnmedizinischen Behandlung oft nur schwer beurteilen –, wäre die Grundlage Ihrer Abmachung entfallen. Sogar für Juristen ist das Verhältnis zwischen Arzt und Patient weit mehr als ein Vertrag; es ist geprägt von Vertrauen. Wenn das, wie bei Ihnen, zerstört ist, tun Sie sich beide keinen Gefallen mit der Behandlung. Für Sie wird jede Sitzung zur Tortur, und Ihr Zahnarzt bekommt einen unzufriedenen Patienten. Auf dieser Ausgangsbasis kann er Ihnen das Lächeln eines Filmstars zaubern, und Sie werden es nur unnatürlich finden. Ohne Vertrauen wird alles kaum mehr funktionieren. Da helfen weder Spritzen noch Moral.

WIRREN UM VIREN

»Als ich vor kurzem dringend von Frankfurt nach Berlin reisen musste, bahnte sich bei mir eine Erkältung an. Der Zug war bereits gebucht, der Sitzplatz reserviert. Durfte ich die Fahrt antreten oder hätte ich mein Ticket stornieren (teuer) und ein Auto mieten sollen (im kranken Zustand)? Vor und während der Fahrt plagte mich das schlechte Gewissen, weil ich fürchtete, meine Mitreisenden im Abteil anzustecken. Schließlich wusste ich damals nicht, ob ich die Grippe bekommen oder ob es beim Schnupfen bleiben würde.«

ANDREAS L., FRANKFURT

Sie tragen Sorge, dass die Mitreisenden Ihretwegen hinweggerafft werden und der Zug einem fliegenden Holländer gleich sein Ziel erreicht, ohne Leben an Bord? Ich kann Sie beruhigen: Schon die Wahrscheinlichkeit spricht dagegen. Meist ist es ohnehin keine Grippe, sondern eine einfache Erkältung; mit beidem stecken Sie Ihre Mitmenschen nicht zwangsläufig an. Trotzdem besteht die Möglichkeit, und wenn man darüber nachdenkt, landet man bei der Ethik des Risikos, die große Bedeutung beispielsweise in der Debatte um Atomkraft hat. Eine Hauptaussage: Die Entscheidung, ein Risiko einzugehen, soll bei dem liegen, der gefährdet ist, und nicht bei dem, der Nutzen aus der Situation zieht. Sie müssten also die Mitreisenden fragen. Das ist vor Reiseantritt kaum möglich und bei einer größeren Gruppe kämen demokratieethische Probleme hinzu: Reicht eine Mehrheitsentscheidung, oder hat jeder ein Vetorecht? Außerdem ist Ihr Schnupfen nur begrenzt mit der Kernschmelze eines Atomreaktors vergleichbar.

Ich finde, man muss hier abwägen: Eine Erkältung ist so häufig, dass niemand von Ihnen verlangen kann, sich in Quarantäne zu begeben. Wenn Sie es trotzdem tun, ist das über die Maßen rücksichtsvoll. Mit einer hochfiebrigen echten Grippe sollten Sie tatsächlich nicht in einen Zug steigen, würden wohl aber ohnehin das Bett hüten. Vielleicht sind Sie am Reisetag zwar schon ansteckend, liegen nur noch nicht darnieder? Damit muss jeder in der kalten Jahreszeit ebenso rechnen wie mit einem Schnupfengeplagten. Wer mit öffentlichen Verkehrsmitteln reist, geht dieses Risiko also ein. Sie können es aber verringern, indem Sie Hygieneregeln einhalten: beim Niesen stets ein Taschentuch vorhalten, niemandem die Hand geben, häufig Hände waschen. Effektiv wäre ein Mundschutz; nur löst der hierzulande eher Panik aus.

VERGESSEN SIE'S

»Mein Großvater leidet an Alzheimer und ist in einem Pflegeheim untergebracht. Da ich nicht in der Nähe wohne und ihn nur selten sehe, erkennt er mich nicht; und selbst Gespräche mit ihm gut bekannten Personen vergisst er schnell. Normalerweise besucht ihn meine Mutter, die gerade im Urlaub ist. Deshalb wollte ich am Wochenende hinfahren, bin nun jedoch zu einem Ausflug eingeladen. Muss ich ein schlechtes Gewissen haben, wenn ich nicht zu ihm fahre? Schließlich würde er sich sowieso bald nicht mehr daran erinnern, dass ein ›Fremder‹ zu Besuch war.« PATRICK K., BERLIN

Um es kurz zu machen: Meiner Meinung nach sollten Sie Ihren Großvater besuchen. Das Ganze hat mehrere Aspekte: Falls Sie Ihrer Mutter den Besuch zugesagt haben, wäre das schon Grund genug. Darüber hinaus hat mir ein Spezialist erklärt, wie bedeutsam Angehörigenbesuch für Alzheimer-Kranke ist. Wenn sie keine Freude über den Besuch zeigen, liege das nicht daran, dass sie keine empfinden; vielmehr werde ihre Fähigkeit, Gefühle auszudrücken, schon sehr bald nach Beginn der Erkrankung gestört. Erwachsene Menschen kommunizieren in erster Linie mit Worten. Fehlen diese, und das ist bei Alzheimer-Patienten der Fall, führt dies leicht zu Fehleinschätzungen.

Der Besuchstermin darf jedoch keinesfalls zu Hektik oder Gereiztheit bei Ihnen führen. Dies würde den beruhigenden Effekt, den Ihre Zuwendung haben soll, ins Gegenteil verkehren. Es hätte also gar keinen Sinn, wenn Sie nur widerwillig zu Ihrem Opa ins Heim fahren. Sie sollten sich deshalb über die Bedeutung klar werden, die der Besuch für Ihren Großvater, aber auch für Sie selbst hat: Die Zeit, die Sie mit ihm verbringen, wird Ihnen das Gefühl geben, sich um Ihren Großvater gekümmert, das Notwendige getan zu haben. Dieser Gesichtspunkt wird oft erst nach dem Tod von Freunden und Angehörigen wichtig: Wer dann merkt, zu wenig getan zu haben, macht sich leicht Selbstvorwürfe.

Kein relevanter Aspekt kann schließlich sein, dass sich Ihr Großvater sehr schnell nicht mehr erinnern wird. Das klingt jetzt sehr hart, aber wäre das ein Argument, dürften Sie Ihrem Großvater auch ohne Bedenken Schmerzen zufügen, schließlich würde er auch diese gleich wieder vergessen – und über die Monstrosität eines solchen Gedankens brauchen wir nicht zu sprechen.

DA GLIMMT NOCH ETWAS

»Meine Freundin hat vor zwei Monaten aufgehört zu rauchen und ist fest entschlossen durchzuhalten. Ich selbst rauche noch, will sie aber natürlich beim Loskommen von dieser Sucht unterstützen. Vor kurzem hat sie mich nun überraschend um eine Zigarette gebeten, sie wolle ›nur eine‹ rauchen. Natürlich ist die Gefahr groß, dass sich aus dieser einen ein Rückfall entwickelt. Darf ich ihr diese Zigarette verweigern? Muss ich es sogar, oder wäre das eine unzulässige Bevormundung? Wenn sie noch rauchen würde, würde ich ihr natürlich eine Zigarette geben.« HEIKO R., HAMBURG

Vielleicht erinnern Sie sich an die Geschichte von den Sirenen, nachzulesen in Gustav Schwabs *Sagen des klassischen Altertums*: Nach dem Besuch bei der Zauberin Kirke fuhr Odysseus' Schiff an der Insel dieser Zauberwesen vorbei, die mit ihrem Gesang jeden ins Verderben locken, der ihn vernimmt. Kirke hatte Odysseus gewarnt und ihm zu Gegenmaßnahmen geraten: »Wenn du an die Insel der Sirenen kommst und ihr Gesang euch droht, so verklebe die Ohren deiner Freunde mit Wachs, dass sie nichts hören; begehrst du aber selbst ihr Lied zu vernehmen, so befiehl, dass man dich, an Händen und Füßen gefesselt, an den Mast binde, und je sehnlicher du deine Freunde bittest, dich loszubinden, desto fester sollen sie ihre

Seile schnüren.« Odysseus folgte dem Rat, und als er zu den Sirenen kam, »standen sie in der Gestalt reizender Mägdlein am Ufer und stimmten mit wundersüßer heller Kehle ihren Gesang an«. Derartigen Reizen kann natürlich niemand widerstehen; der gefesselte Odysseus flehte seine Begleiter an, ihn loszubinden. Die aber banden ihn noch fester. Erst als die Versuchung vorbei war, lösten die Freunde die Fesseln und Odysseus »dankte ihnen herzlich für ihre Beharrlichkeit«.

Ich denke, darin liegt die Lösung Ihrer Frage: Jeder soll selbst über sein Leben entscheiden, solange er in der Lage ist, diese Entscheidung frei zu treffen. Das kann die eben von den Fesseln des Tabaks Entwöhnte im Nikotinentzug vermutlich gerade nicht; ihr dürften die Zigaretten als Versuchung sirenengleichen Ausmaßes erscheinen. Noch dazu müssen Sie sie zu ihrer Rettung vor der Sucht nicht einmal an einen Mast binden; es reicht, ihr einfach die Bitte zu versagen. Die Bevormundung dabei fällt gering aus: Falls sich Ihre Freundin gegängelt fühlt, kann sie sich an jeder Ecke selbst eine Packung kaufen. Wahrscheinlich wird sie es aber nicht tun und Ihnen stattdessen ebenso danken wie Odysseus einst seinen Getreuen.

Gustav Schwab, Sagen des klassischen Altertums, *Droemer Knaur Verlag, 2001.*

Kapitel IX

Schule & Ausbildung

NOTEN UND NOTIZEN

»Mein dreizehnjähriger Sohn ist so schlecht in Mathematik, dass seine Versetzung gefährdet ist. Dann müsste er das Gymnasium wohl verlassen. Nun habe ich in seinem Zimmer einen Mathe-Spickzettel gefunden und bin hin und her gerissen. Soll ich den Betrug dulden? Vielleicht schafft mein Sohn die Klasse nur auf diese unerlaubte Weise. Oder soll ich eingreifen? Dabei käme ich mir heuchlerisch vor, denn auch ich selbst habe früher einige wichtige Klausuren nur durch Abschreiben und Spicken gemeistert.«

SABINE W., MÜNCHEN

Fast bin ich versucht zu antworten, dass Ihre moralischen Schlingerfahrten der Fluch der bösen Tat sind: Spickzettel liegen schließlich selten offen herum. Doch wie auch immer Sie den Spicker entdeckt haben – wir gehen zu Ihren Gunsten davon aus, dass er auf dem Tisch lag –, Sie haben ihn gesehen. Und sind jetzt tatsächlich in einer Zwickmühle. Die Verwendung eines Spickzettels ist Betrug und als solcher unmoralisch. Unerheblich ist hier, dass Sie selbst abgeschrieben haben. Schließlich können sich Ihre moralischen Maßstäbe – was zu hoffen ist – inzwischen gefestigt haben. Auch dass Abschreiben für viele zur Schulzeit gehört wie das Amen zur Kirche, ist keine Entschuldigung. Ebenso wenig die Ansicht, dass intelligentes Spicken höhere Geisteskraft erfordere als stumpfes Lernen; der Mathelehrer Ihres Sohnes wird diesem angeblichen Konsens kaum zustimmen.

Umgekehrt ist aber auch das Festhalten an Prinzipien problematisch, wenn der Preis zu hoch ist. Mit anderen Worten: Es wäre unmoralisch, Ihren Sohn auf dem Altar der absoluten Moral zu opfern. Das könnte hier der Fall sein, falls sich die weitere schulische Laufbahn Ihres Sohnes tatsächlich an dieser einen Klausur entscheidet – und nicht an der Tatsache, dass er insgesamt überfordert ist.

Deshalb sollten Sie zu allererst versuchen, ihn redlich zu unterstützen, zum Beispiel durch Nachhilfestunden. Wenn die Klausur allerdings schon morgen geschrieben wird, scheint es sinnvoller, in den moralisch sauren Apfel zu beißen und die Verwendung des Spickzettels zu tolerieren. Denn Sie werden Ihren Sohn nicht auf den rechten Pfad führen, indem Sie ihn die Erfahrung machen lassen, dass er mit Moral schlechter fährt als ohne. Wenn Sie Ihrem Sohn richtiges Verhalten zeigen wollen, halten Sie sich lieber an die Höchstgeschwindigkeit, wenn er mit im Auto ist. Das sichert seine moralische Zukunft wahrscheinlich ähnlich effektiv.

HAND AUFS HERZ

»Nach den Sommerferien werde ich ein Jahr an einer US-amerikanischen Schule verbringen. Dort ist es üblich, zu den verschiedensten Anlässen die Nationalhymne zu singen. Ich selbst halte diese Sitte für einigermaßen überholt, manchmal sogar für peinlich. Jedoch möchte ich meine Gastgeber nicht beleidigen. Wenn ich von den ›Segnungen‹ ihrer Gesellschaft profitieren möchte, muss ich dann auch hier ›mitziehen‹, selbst wenn es mir mein moralisches Gewissen verbietet?«

LUKAS M., *15* JAHRE, KONSTANZ

Fast unwillkürlich denkt man an den Volksmund: Wo man singt, da lass dich ruhig nieder, böse Menschen haben keine Lieder. Doch deine Sorge ob der singenden Menschen gilt nicht dem Bösen, sondern zwei anderen Dingen: dem Patriotismus, speziell dem öffentlich zelebrierten, und der Höflichkeit gegenüber dem Gastgeber. Mit Ersterem ist es so eine Sache. Robert Musil meint in seinem Roman *Der Mann ohne Eigenschaften* trocken, dass Kinder jederzeit bereit seien, die Familie Y aus der Großen X-Gasse, wenn sie ihr zufällig angehören, für die größte Familie der Welt zu halten. Sie seien also leicht für den Patriotismus zu gewinnen.

Manche halten Patriotismus für gefährlich, andere sehen einen sozialen Sinn darin oder argumentieren, dass er sich, wie jede Liebe, dem logischen Kalkül entziehe. Ob man nun das Vaterland liebt oder seine Frau, ihn für wertvoll hält oder doch für infantil – tatsächlich verwerflich und damit ein Fall fürs Gewissen wird Patriotismus wohl erst dann, wenn er zu einer Geringschätzung anderer oder noch Schlimmerem führt; und wir wollen hoffen, dass dieser Fall an einer amerikanischen Schule ausbleibt. Es gibt also kein moralisches Gebot, dass es dir verwehrt »mitzuziehen«, aber eines, das gebietet, die Gastgeber nicht zu beleidigen. Obwohl ich persönlich es seltsam finde, eine Nationalhymne zu singen, die nicht die eigene ist, scheint man das in den USA anders zu sehen. Aus diplomatischen Kreisen konnte ich erfahren, dass die Hymne für die Amerikaner neben dem Bezug zum Land für allgemeine Werte wie Freiheit und Gleichheit steht, mit denen sich vielleicht auch ein Gast identifizieren kann.

Allerdings sind durch dein Handeln wohl keine diplomatischen Verwicklungen zu befürchten, denn es würde, und das berichten auch die Austausch-Organisationen, jeder verstehen, wenn man als Ausländer nicht mitsingt. Du musst also weder die Stimme erheben noch die Hand auf ein Herz legen, das nicht für die Hymne schlägt. Jedoch – und hier hat der Volksmund definitiv Unrecht – »niederlassen«, wo die anderen singen, solltest du dich nicht. Denn bei der Nationalhymne aufzustehen gebietet die Höflichkeit.

Robert Musil, Der Mann ohne Eigenschaften, *Rowohlt Verlag, 1987.*

SCHULE UND SÜHNE

»Wir Lehrer sollen ab September eine Stunde pro Woche mehr arbeiten. Nicht zu Gunsten unserer Schüler, sondern zur Personaleinsparung. Aus Protest dagegen möchte ich nun ein freiwilliges Zusatzengagement, eine Fahrt ins Schullandheim, demonstrativ streichen. Denn ich halte es für grundlegend falsch, staatliche Kürzungen im Bildungsbereich einfach hinzunehmen und ihre Konsequenzen durch verstärkte persönliche Belastung der Lehrer aufzufangen. Aber handle ich verantwortungsbewusst, wenn ich meinen Schülern etwas vorenthalte in der Hoffnung, damit indirekt den Staat zu erziehen?« KARIN P., MÜNCHEN

Kennen Sie die Geschichte von dem Jungen, der sich über seinen Vater ärgert und deshalb gegen dessen Ermahnung ohne Handschuhe nach draußen geht? Gerade recht geschieht es ihm, denkt er sich, dass mir jetzt die Finger frieren. Nun können Sie tausend Gründe nennen, warum das hiermit nicht vergleichbar ist, aber eines passt eben: Die Verweigerung belastet nicht primär denjenigen, gegen den sie sich richtet. Gewiss liegt dem Staat an den Schülern, noch mehr der Mutter am Wohlbefinden ihres Sprösslings. Doch beide trifft es nur auf Umwegen: über die Kinder.

Konkret stehen sich hier verschiedene berechtigte Interessen gegenüber: das der Kinder an pädagogischer Förderung, das des Staates (das sind wir alle einschließlich der Kinder) an geringeren Ausgaben und schließlich Ihres an Begrenzung Ihrer Belastung und an der Möglichkeit, politisch zu demonstrieren. Die Gretchenfrage: Was wiegt schwerer, wenn sich diese Interessen nicht in Einklang bringen lassen?

Da ist vieles persönliche Meinung ohne Anspruch auf absolute Geltung. Meiner Ansicht nach wäre am besten, wenn Ihre Aktion Früchte trägt: Die Gesellschaft erkennt, dass jeder Euro, den sie in Kinder und Ausbildung investiert, in der Zukunft doppelt zurückkommt, und handelt entsprechend. Vielleicht kann man eine weitere Verschlechterung der Situation an den Schulen tatsächlich nur durch derartige Maßnahmen auch zu Lasten der Schüler verhindern. Dann, wenn sie also zumindest zukünftigen Jahrgängen zugute kommen sollen, halte ich sie für gerechtfertigt. Geht es allerdings allein um ein politisches Statement, fände ich persönlich es richtiger, etwas zu ersinnen, das nicht auf Kosten der Schüler geht.

Das leicht anders gelagerte Originalzitat, auf das sich die Geschichte von dem Jungen bezieht, findet sich in: Gottfried Keller, Die Leute von Seldwyla, *Diogenes Verlag, 1993.*

SPRACHLOS IM UNTERHOLZ

»Im Herbst habe ich mit meiner Grundschulklasse eine Wanderung unternommen. Bevor wir losgingen, fragte mich die Mutter eines meiner Schüler, ob ich denn ein Handy für Notfälle bei mir trüge. Ich verneinte. Die Frau meinte daraufhin, dass es unverantwortlich sei, mit fünfundzwanzig Kindern stundenlang durch den Wald zu laufen, ohne gegebenenfalls Hilfe herbeitelefonieren zu können. Muss ich für *solche Ausflüge extra ein Handy kaufen?«* MATTHIAS L., FULDA

Natürlich müssen Sie sich nicht nur speziell für solche Wanderungen ein Mobiltelefon kaufen. Dafür gibt es noch andere Gründe, wie mindestens ein Teil der fast sechzig Millionen Handybesitzer in Deutschland gern bezeugen wird. Auf einem anderen Blatt steht allerdings, inwieweit diese Gründe für Sie zwingend sind.

Ob Sie als Privatmann mobil erreichbar sein wollen oder nicht, bleibt ganz allein Ihre Entscheidung. Als Lehrer, der für das Wohl der Kinder verantwortlich ist, sind Sie allerdings nicht mehr so frei. Ich würde mich nicht ganz der Wortwahl der entrüsteten Mutter anschließen, aber im Grundsatz teile ich deren Meinung, dass Sie gehalten sind, ein Handy mitzunehmen.

Man kann über die drahtlose Kommunikation geteilter

Meinung sein. Manch einer sieht bei seinen ohne Unterlass telefonierenden oder Kurznachrichten verschickenden Mitmenschen schon die Schwelle zum Krankhaften überschritten. Nur am Nutzen in Notfällen ist nicht zu zweifeln. Nicht umsonst empfiehlt der Deutsche Alpenverein, beim Bergwandern ein Handy einzustecken. Und im Gegensatz zum Freizeitwanderer tragen Sie als Lehrer auch noch Verantwortung für andere. Dabei kann auch kein Argument sein, dass es bis vor kurzem keine Handys gab. Man hat sie eben heute, und es gilt dasselbe wie beim Anschnallen der Kinder im Auto: Das kann man auch erst, seit es Gurte im Fond gibt – und tut es jetzt natürlich.

Allerdings frage ich mich, ob das alles – unabhängig von Ihren Aufgaben als Lehrer – nicht ein eher theoretisches Problem ist. Dank der Subventionspolitik der Mobilfunkbetreiber liegt eine Unmenge an funktionstüchtigen Handys ungenutzt herum und ein Notruf ist auch ohne Karte möglich. Fragen Sie doch einmal in Ihrem Kollegenkreis oder notfalls bei den Eltern. Unter denen wird sich sicher jemand finden, der Ihnen zum Wandertag ein Gerät leiht. Und noch mehr würde es mich überraschen, wenn keiner Ihrer Schüler ein Handy hätte.

GEKLAUTE KLAUSUR

»Ein Studienkollege, mit dem ich auch befreundet bin, fragte mich nur drei Tage vor einer Klausur, ob er sich meine Unterlagen ausleihen könne. Mich hat es viel Zeit und Mühe gekostet, diese Zusammenfassungen anzufertigen – er hat in derselben Zeit gefaulenzt. Also habe ich ihm die Unterlagen nicht gegeben. Außerdem fühlte ich mich unter Druck gesetzt, weil er seine Bitte so kurzfristig geäußert hatte. Hätte ich ihm das Material zur Verfügung stellen sollen, oder habe ich richtig gehandelt?« JAN-PHILIPP H., TÜBINGEN

Ich überlege gerade, wie die Geschichte wohl ausgegangen ist. Hat Ihr Kommilitone die Klausur dann doch noch bestanden? Hat er Konsequenzen daraus gezogen, ist er ein fleißiger Mensch geworden? Oder ist er durchgefallen? Musste er das Studium abbrechen und lebt jetzt unter Brücken? Das ist nicht unbedeutend, doch es geht um Sie, der Sie nach der Redensart gehandelt haben: Wer nicht sät, soll auch nicht ernten. Die Frage ist, ob sich diese Regel mit unserem Wertesystem vereinbaren lässt. Entspricht sie nicht eher dem hässlichen Bild vom harten Gutsbesitzer? Der mit diesem Spruch auf den Lippen mitten im Winter dem armen, den Sommer vertrödelnden Taugenichts das Tor von Wuthering Heights vor der Nase zuschlägt und ihn hungernd und frierend draußen stehen lässt. Auch nicht wirklich einschlägig ist Matthäus 6, 26, mit den Vögeln, die weder säen noch ernten und die der himmlische Vater ernährt. Schließlich steht Ihr Verhalten und nicht das des Faulenzers zur Rede. Es geht daher meiner Meinung nach einfach um die Frage, unter welchen Umständen man einem Mitmenschen helfen soll, besonders einem Freund.

Die Situation scheint ganz übersichtlich: Sie haben Ihr Studium so betrieben, wie Sie es für richtig halten, und sich Unterlagen angefertigt. Wenn Ihr Studienkollege sich diese – auch kurzfristig – kopiert, beeinträchtigt Sie das nicht. Es ist auch nichts Verbotenes. Schriebe er unter die Klausur »Gelernt aus fremden Unterlagen«, würde der Korrektor »Hauptsache: gelernt!« vermerken. Deshalb kann ich hinter Ihrer Ablehnung nur zwei Argumente vermuten. Entweder Sie wollen Ihren Freund nicht an den Früchten Ihrer Arbeit teilhaben lassen oder Sie wollen ihn erziehen. Das Erste geht in Richtung Neid, beim Zweiten erheben Sie sich über ihn. Beides kann nicht überzeugen, deshalb bleibt es bei der Grundregel: Einem Freund hilft man. Man täte es sogar dann, wenn es Nachteile brächte.

DER GEBEUTELTE PAUKER

»Bei meiner Arbeit als Lehrer an einem Schulzentrum werde ich tagtäglich Zeuge von mehr oder weniger schwerwiegenden Regelverstößen. Meine Entscheidung einzuschreiten hängt vielfach davon ab, ob ich gerade ›in der Stimmung‹ bin. Zwar bemühe ich mich, in meinen Maßnahmen konsequent zu sein, doch bin ich nicht in der Lage, alles zu ahnden. Darf ich mich auf mein Gefühl verlassen, oder müsste ich mich strikt an die Regeln halten?« UDO L., BERLIN

Gleiches gleich und Ungleiches ungleich zu behandeln ist ein wichtiger Grundsatz der Gerechtigkeit. Allerdings gibt es noch andere Maßstäbe, an denen man sein Handeln messen muss, und Sie sind keine Maschine, die bei bestimmten Verfehlungen entsprechende Strafen auswirft. Auch im Strafprozessrecht kennt man neben dem Legalitätsprinzip, das eine Verfolgung von Straftaten anordnet, das Opportunitätsprinzip, welches bei kleineren Verstößen oder geringer Schuld von Sanktionen absehen lässt. Man muss sich daher überlegen: Warum werden Regelverstöße an der Schule überhaupt geahndet? Wahrscheinlich erreichen sie kein Ausmaß, das unbedingt eine Vergeltung fordert, etwa im Sinne Kants: »Hat er aber gemordet, so muss er sterben; es gibt hier kein Surrogat zur Befriedigung der Gerechtigkeit.« In den meisten

Fällen wird es um die Erziehung und die Aufrechterhaltung eines geregelten Schulbetriebs gehen.

Wie wichtig Konsequenz und Gleichbehandlung für Schüler sind, ist eine pädagogische Frage, die mehr in Ihr Fachgebiet fällt, weniger in meines. Aus ethischer Sicht scheint mir eine Bestrafung nicht in jedem Fall erforderlich. Friedrich Nietzsche hat hier einen wichtigen Aspekt aufgezeigt: »Mit erstarkender Macht nimmt ein Gemeinwesen die Vergehungen des Einzelnen nicht mehr so wichtig, weil sie ihm nicht mehr in gleichem Maße wie früher für das Bestehen des Ganzen als gefährlich und umstürzend gelten dürfen.« Er sah das in Form der Gnade verwirklicht, ich würde nicht diesen Begriff verwenden, aber bei einem funktionierenden Schulleben einen Ermessensspielraum als möglich, ja sogar sinnvoll ansehen.

Dieses Ermessen hat jedoch Grenzen: Es darf nicht zur reinen Willkür werden oder sich auf ablehnungswürdige Kriterien stützen; wenn Sie etwa Schüler bestraften, Schülerinnen dagegen nicht, oder gar Unterschiede machten nach Herkunft, Hautfarbe und persönlichen Sympathien.

Immanuel Kant, Metaphysik der Sitten, *Akademieausgabe, 5. 333.*
Friedrich Nietzsche, Zur Genealogie der Moral, *Reclam Verlag, 1988.*
Sehr informativ zum Thema Zweck der Strafe und Straftheorie ist auch das Lehrbuch meines verehrten juristischen Doktorvaters: Claus Roxin, Strafrecht Allgemeiner Teil, Band I, *C.H. Beck Verlag, 2005. § 3: Zweck und Rechtfertigung von Strafe und Maßregeln.*

Kapitel X

Recht & Gesetz

RUND UND ROT

»Wenn ich als Radfahrer mitten in der Nacht an eine vollkommen leere, rot geschaltete Ampelkreuzung komme, fahre ich meist drüber. Natürlich achte ich genau darauf, dass ich mit meinem Verhalten niemanden gefährde, und schaue auch nach patrouillierenden Streifenwagen. Trotzdem habe ich ein schlechtes Gewissen und frage mich, ob ich aus moralischen Gründen auch dann nachts stehen bleiben müsste, wenn gerade keine Polizei da ist. Oder ist das egal?«

WERNER O., MÜNSTER

Unabhängig von der Überlegung, was eine rote Ampel juristisch gesehen genau ist, sind wir uns sicher einig, dass Sie ein Gesetz übertreten, wenn Sie bei Rot weiterfahren. So, wie Sie es schildern, besteht dabei weder die Gefahr, andere zu schädigen, noch selbst erwischt zu werden; es geht bei Ihrem recht praktischen Problem also um die abstrakte Frage, ob es per se unmoralisch ist, das Gesetz zu brechen. Diese Frage hat schon die antiken Philosophen beschäftigt. Sokrates ging in den Tod, nur um die Gesetze zu befolgen, denn sonst könnten ihn diese, so ist in Platons Dialog *Kriton* zu lesen, zur Rede stellen: »Sage mir, Sokrates, was lässt du dir einfallen zu tun? Gehst du nicht geradezu darauf aus, durch dieses dein Beginnen uns, die Gesetze, sowie das ganze Gemeinwesen zugrunde zu richten, soweit es auf dich ankommt? Oder glaubst du an die Möglichkeit, dass ein Staat noch Bestand habe und vor dem Untergang bewahrt sei, in welchem die einmal gefällten gerichtlichen Urteile keine Kraft mehr haben, sondern von Unberufenen wirkungslos gemacht und vernichtet werden?«

In jüngerer Zeit formulierte der Mainzer Rechtsphilosoph Norbert Hoerster, dass eine funktionierende Rechtsordnung, als Gegensatz zur Anarchie, im Interesse aller liege; und wer erwartet, dass seine Mitbürger dem geltenden Recht Folge leisten, ist moralisch verpflichtet, selbst ein Gleiches zu tun. Von Sonderfällen wie dem gesetzlichen Unrecht unter Hitler abgesehen, ist also eine Handlung, die das Recht verletzt, falsch. Was nicht ausschließt, dass sie aus anderen Gründen richtig, vielleicht sogar geboten sein kann – Gründe, die ich bei Ihrem Rotlichtradeln aber nicht erkennen kann.

Jetzt könnten Sie freilich entgegnen, dass Sie weder Sokrates sind noch ein Diplom in Rechtsphilosophie erwerben, sondern einfach nur nach Hause radeln wollen. Und dass Sie tief in der Nacht, allein auf weiter Flur ganz sicher niemanden gefährden und auch kein schlechtes Vorbild für Kinder sind. Das könnten Sie entgegnen. Und wenn Sie das tun, fällt mir kein zwingendes Argument mehr ein, warum Sie ein schlechtes Gewissen haben müssten.

Platon, Sämtliche Werke, Band 1, *Rowohlt Verlag, 2002.*
Recht und Moral. Texte zur Rechtsphilosophie, *herausgegeben von Norbert Hoerster, Reclam Verlag, 1987.*

Zur Einführung in das Thema eignet sich beispielsweise:
Norbert Brieskorn. Rechtsphilosophie. *Verlag W. Kohlhammer, 1990.*

LAUCH-ZEICHEN

»An einem windigen Septembervormittag bin ich mit meiner Mutter und meinem Hund spazieren gegangen. Auf dem Rückweg sind wir an einem abgeernteten Lauchfeld vorbeigekommen. Darauf lagen noch ein paar dicke, gute Lauchstangen. Ich esse für mein Leben gern Lauch, und diese Stangen wären auf dem Feld verrottet, weil der Bauer sie ja nicht abgeerntet hat. Also habe ich sie mitgenommen und gekocht. Meine Frage ist nun: War das falsch oder gar Diebstahl?«

DIANA H., MAINZ

Mit Ihrer Frage bringen Sie mich in Bedrängnis. Ich vertrete ja den Grundsatz, dass alles, was gegen ein Gesetz verstößt, auch den – sagen wir es einmal vorsichtig – Keim des Unmoralischen in sich trägt. Und wenn man nun die deutschen Gesetzbücher wälzt, kommt man nur mit Konstruktionen wie einer unterstellten Zustimmung des Bauern um die Feststellung eines Diebstahls herum. Schließlich könnte er ja wiederkommen und den Rest der Ernte holen. Allein in Ihrem speziellen Fall will mir das nicht so gefallen.

Es steckt hinter dem, was Sie getan haben, nämlich ein altbekanntes Problem und moralisches Prinzip. Schon aus dem Alten Testament ist der »Eckenlass« bekannt und das ausdrückliche Verbot der Nachlese: »Wenn ihr die Ernte eures

Landes aberntet, dann sollst du das Endstück deines Feldes nicht völlig abernten. Und du sollst keine Nachlese deiner Ernte durchführen. Auch deinen Weinberg sollst du nicht nachlesen und abgefallene Beeren deines Weinbergs sollst du nicht auflesen; dem Armen und Fremdling sollst du sie überlassen; ich bin der Ewige, euer Gott.« (Drittes Buch Mose, Kapitel 19, Vers 9 und 10). Und im Fünften Buch Mose, Kapitel 24, Vers 19 bis 21 heißt es: »Wenn du auf deinem Feld deine Ernte hältst und eine Garbe auf dem Felde vergisst, so kehre nicht um, sie zu holen. Dem Fremdling, der Waise und der Witwe soll sie gehören, damit dich segne der Ewige, dein Gott, bei allem Werk deiner Hände.«

In Frankreich ist das Problem im Strafgesetzbuch geregelt, dem *Code Pénal.* Artikel R 26 erlaubt ausdrücklich, zwischen Sonnenaufgang und -untergang liegen gebliebene Früchte nach der Ernte von den Feldern zu nehmen. Letztlich dient dies sozialen Zwecken, hilft aber auch zu verhindern, dass Lebensmittel verderben. Deshalb kann ich Ihnen, unabhängig von der deutschen Rechtslage, keinen moralischen Vorwurf machen, wenn Sie sich an den Stangen vergreifen. Nur, vielleicht könnten Sie zur Beruhigung unserer beider Gewissen beim nächsten Mal Ihren Spaziergang bis zum dazugehörigen Hof ausdehnen und dort nachfragen.

GUT AM STRAND

»Bei zurückliegenden Badeurlauben an der Adria sind mir mehrmals Gegenstände gestohlen worden, die ich nachts am Strand zurückgelassen hatte. Dieses Jahr habe ich mein altes Surfbrett mitgenommen, das seit Jahren unbenutzt in der Garage steht, in der Absicht, es klauen zu lassen. Und wirklich: Bereits nach einer Nacht am Meer war die alte Gurke weg. Habe ich jetzt sowohl mir als auch dem neuen Besitzer eine Freude gemacht, oder muss ich mir vorwerfen lassen, einen Menschen zum Diebstahl verführt zu haben?«

THOMAS W., MÜNCHEN

Ihr Fall könnte einem Strafrechtslehrbuch entnommen sein; dort würde bei der Lösung dann so etwas Schönes wie der Versuch am untauglichen Objekt eine zentrale Rolle spielen. Doch sollen hier weniger die rechtlichen als vielmehr die moralischen Aspekte beleuchtet werden. Und ich muss Ihnen zustimmen: Sie haben einen Menschen gewissermaßen zum Diebstahl verführt. Ein richtiger Diebstahl war es jedoch nicht, weil Sie ja das Brett loswerden wollten, also erlaubt haben, es mitzunehmen. Weil der Verführte das aber nicht wusste, hat er aus seiner Sicht gestohlen. Die Juristen, um dort noch einmal eine Anleihe zu nehmen, unterscheiden zwischen Handlungs- und Erfolgsunwert einer Tat. Und auch wenn die ganze Aktion des nächtlichen Surfers keinen Erfolgsunwert beinhaltet – am Schluss ist alles in Ordnung –, war sie, als Handlung betrachtet, Unrecht, weil mit dem bösen Willen des Diebes durchgeführt. An diesem Handlungsunwert sind Sie beteiligt, denn Sie haben die Situation absichtlich herbeigeführt.

Doch ist das alles sehr theoretisch. Im täglichen Leben sollten wir vielleicht froh sein, wenn unser Tun kein eigenes Unrecht enthält und keine negativen Folgen nach sich zieht. Nimmt man das als Maßstab, ist Ihnen kein Vorwurf zu machen, denn in der Tat ist durch das ungewöhnliche Recycling allen geholfen, einschließlich der Umwelt.

Allerdings, eines bleibt: Naheliegend wäre doch gewesen, alle Probleme durch Anbringen eines Zettels »Zum Mitnehmen« zu lösen. Sind Sie sicher, dass Sie sich nicht nur amüsieren wollten und deshalb den Bretträuber zur zwar böswilligen, am Ende aber doch ahnungslosen Figur auf Ihrem persönlichen Spielbrett gemacht haben?

Claus Roxin, Strafrecht Allgemeiner Teil I, Band I, *C.H. Beck Verlag, 1997. § 10 VII Handlungs- und Erfolgsunwert im Tatbestand.*

RAD UND UNTAT

»Mir ist vor kurzem mein Fahrrad gestohlen worden. Glücklicherweise habe ich eine Hausratversicherung, die das Fahrrad mit einschließt. Nun habe ich gehört, wenn das Fahrrad wie bei mir vor dem Haus steht, ist es nur tagsüber, nicht aber nachts versichert. Meines war aber eines Morgens weg. Muss ich das der Versicherung sagen, oder kann ich behaupten, dass es tagsüber gestohlen wurde? Das mit der Uhrzeit ist doch ohnehin nur ein Trick der Versicherungen, damit sie nicht zahlen müssen. Schließlich ist das Fahrrad nachts genauso viel wert wie tagsüber.« KLAUS D., BREMEN

Sie wollen absichtlich der Versicherung gegenüber etwas angeben, was nicht zutrifft. Es handelt sich dabei um einen Punkt, der bei der Überprüfung Ihres Anspruchs relevant ist. Dass das per se nicht richtig ist, brauche ich wohl nicht zu erwähnen. Offensichtlich glauben Sie aber, eine moralische Berechtigung dafür zu haben, weil Sie sich umgekehrt von Ihrer Versicherung mit überraschenden Klauseln getäuscht und benachteiligt fühlen. Zwar kann dieses Argument in Ausnahmefällen ins Gewicht fallen, doch schon Ihre Frage zeigt, dass Sie sich bei der Sache etwas unwohl fühlen. Das wiederum ist gut so, denn berechtigt sind hier vor allem Ihre Zweifel.

Wenn Sie Ihre Versicherungsbedingungen durchlesen – meist tut man das erst nach einem Schaden und auch dann gelingt das kaum, ohne Schaden an der geistigen Gesundheit zu nehmen – werden Sie sehen, dass Ihr Fahrrad draußen vor dem Haus tatsächlich nur tagsüber versichert ist. Allerdings ist das kein Trick oder eine ungerechtfertigte Benachteiligung. Der Dieb kommt in der Nacht, heißt es im Sprichwort, was übersetzt bedeutet, dass das Diebstahlrisiko nachts höher ist. Wohl nicht zufällig war auch Ihr Fahrrad morgens weg.

Nun bietet ein Versicherungsvertrag Schutz vor bestimmten Risiken. Mit Ihren Prämienzahlungen kaufen Sie sich also einen genau definierten Schutz. Je höher das Risiko, desto höher die Prämie. Die Haftpflichtprämie eines Porsche ist höher als die eines VW-Käfer, weil er statistisch mehr oder größere Schäden verursacht. Eine Versicherung, die auch nachts vor Fahrraddiebstahl schützt, würde – wenn es sie gäbe – mehr kosten, als Sie bislang gezahlt haben. Wenn Sie nun behaupten, das Fahrrad sei tagsüber gestohlen worden, obwohl es nachts war, ist das erstens eine Lüge. Zweitens ist es eine Täuschung, die Ihnen eine Zahlung verschaffen soll, auf die Sie keinen Anspruch haben. Sie fordern einen Schutz ein, den Sie sich vorher nicht »gekauft« haben. Und das ist nicht nur juristisch Betrug.

Allgemeine Hausratsversicherungsbedingungen, VHB 84 mit Klausel 833 oder VHB 92 mit Klausel 7110.

Eine vertiefte Auseinandersetzung mit diesem Thema erfolgt in:

Recht & Gesetz

Rainer Erlinger, Lügen haben rote Ohren, *List Verlag, 2004. Ab Seite 141 im Kapitel »Die haben's doch! Oder: Warum ein bisschen betrügen auch schon Betrug ist.«*

SEHE ICH SCHWARZ?

»Ich gucke gelegentlich Fernsehen, aber nie öffentlich-rechtliche Sender, sondern nur die Musikkanäle MTV und Viva. Deshalb entrichte ich keine Fernsehgebühren, schon seit Jahren nicht. Es leuchtet mir einfach nicht ein, warum ich für eine Leistung zahlen soll, die ich nicht haben will und niemals in Anspruch nehme. Moralisch fühle ich mich im Recht. Was sagen Sie zu dieser Angelegenheit?«

KARL-HEINZ S., MÜNCHEN

Eines vorweg: Sind Sie sich eigentlich vollkommen sicher, dass Sie niemals ARD und ZDF schauen? Auch nicht während der Olympischen Spiele, der Fußball-WM oder nach Ereignissen wie dem 11. September? Vermutlich sitzen Sie doch mal in der ersten Reihe, und Ihre Frage hat sich damit bereits erledigt.

Aber auch wenn Sie sich ganz sicher sind, kann ich Ihnen nicht zustimmen. Dass Sie nur bezahlen wollen, was Sie tatsächlich nutzen, ist berechtigt. Die Fernsehgebühren gehen aber nicht ausschließlich an die von Ihnen verschmähten öffentlich-rechtlichen Sender. Im Rundfunkfinanzierungsstaatsvertrag ist festgelegt, dass knapp zwei Prozent der Gebühren für die »Zulassungs- und Aufsichtsfunktionen der Landesmedienanstalten« verwendet werden. Weil diese für die Privatsender zuständig sind, kommen also etwa 32 Cent pro Monat zumindest indirekt auch MTV und Viva zugute. Nur diesen Teilbetrag an die GEZ zu überweisen dürfte freilich schwierig werden.

Abgesehen von solchen etwas kleinkrämerischen Überlegungen missachten Sie ganz einfach Gesetze. Das ist nicht zwingend unmoralisch, aber auch nicht irrelevant, weil eine stabile Rechtsordnung durchaus einen eigenen Wert hat. Die Fernsehgebührenpflicht ist bei uns an das Bereithalten eines Empfangsgerätes gekoppelt, nicht an das Sehen von bestimmten Sendern. Sie können das nun für politisch falsch, unsinnig, unzweckmäßig oder unbillig halten, trotzdem ist es geltendes Recht. Ihr Arbeitgeber mag es als himmelschreiendes Unrecht empfinden, dass er Ihnen für den 3. Oktober Lohn zahlen muss, obwohl Sie an diesem Tag nicht arbeiten, sondern die Einheit feiern, mutmaßlich durch ganztägigen Konsum von Musikfernsehen. Wenn Sie aus diesem Grund nichts bekämen, würden Sie das zu Recht als falsch empfinden. Und zwar ohne alles moralische Für und Wider allein deshalb, weil Sie einen gesetzlichen Anspruch auf das Geld haben. Und den hat auch die GEZ.

STEUERN SPENDEN

»Ich bin Rentnerin, mein zu versteuerndes Einkommen ist also nicht sehr hoch. Was ich bisher zu wohltätigen Zwecken gespendet habe, übersteigt schon den steuerlich absetzbaren Betrag. Nun will ich einen größeren Betrag für die Menschen in Afghanistan überweisen und will dies im Namen meiner beiden Kinder tun, die berufstätig sind und deswegen mehr Spenden absetzen können. Ist das ein Steuerbetrug?«

GERTRUD R., BAD REICHENHALL

Auch wenn ich Ihnen, die Sie Gutes tun wollen, das nur ungern sage: Ja, was Sie vorhaben, ist Steuerbetrug. Und damit schon automatisch falsch. Zusätzlich ist es aber auch inhaltlich nicht zu vertreten, dass Sie im Namen Ihrer Kinder spenden, nur damit diese eine Quittung beim Finanzamt vorlegen können. Wenn Ihre Kinder nichts spenden, können sie auch nichts absetzen, denn sie hatten keine Ausgaben, haben kein Vermögensopfer erbracht. Es gibt auch keine Rechtfertigung aus moralischer Sicht, etwa in der Art, dass Sie ja wohltätig seien und nun dafür »bestraft« würden, dass Sie mehr als andere gespendet haben.

Generell sind derartige »Privatentschuldigungen« mit Vorsicht zu betrachten, vor allem im Hinblick auf die Steuer, bei der jeder so viel wie möglich sparen möchte. Hier kommt noch dazu, dass die Absetzbarkeit von Spenden sowieso nicht selbstverständlich ist. Im Allgemeinen gilt der Grundsatz: Was man für seinen Beruf ausgibt, vermindert das Einkommen; was man privat ausgibt, nicht. Ihre Spenden tätigen Sie jedoch als Privatperson, weshalb sie eigentlich gar nicht absetzbar wären. Um die Spendenbereitschaft der Bevölkerung und dadurch die gemeinnützigen Zwecke zu unterstützen, erkennt sie der Gesetzgeber trotzdem bis zu einer gewissen Höhe an – wenigstens bislang. Dies bedeutet, dass der Fiskus für diese Beträge dem Spender praktisch einen Teil zurückerstattet. Dass es dafür Höchstgrenzen gibt, ist verständlich. Auch wenn man darüber streiten kann, ob es sinnvoll ist, bei höherem Einkommen mehr anzuerkennen, bleibt dies dennoch Sache des Gesetzgebers.

Unterm Strich: Ihre Spendenbereitschaft kann man nicht genug würdigen. Wenn alle ein derart soziales Gewissen hätten, ginge es unserer Gesellschaft moralisch und auch finanziell besser. Dass der Staat das nur bis zu einem gewissen Punkt fördert, sollte Sie jedoch nicht dazu verleiten, Ihrem richtigen Verhalten ein falsches hinzuzufügen.

Zu dieser Problematik lesenswert:
Paul Kirchhof, Randnummer B 13 zu § 10b EStG in: Paul Kirchhof und Hartmut Söhn, Kommentar zum Einkommenssteuergesetz, *C. F. Müller Verlag, 2000.*

ENTDECKER GESUCHT

»Wir wohnen in einem Mehrfamilienhaus mit einer Reihe von Briefkästen im Erdgeschoss. Leider passiert es immer wieder, dass der Briefkasten morgens leer ist: Ein Nachbar aus dem Haus vergreift sich offenbar an unserer ›Süddeutschen Zeitung‹. Mein Freund nimmt die Zeitung dann aus einem der anderen Briefkästen. Warum sollen ausgerechnet wir unter dem Dieb leiden, argumentiert er, das ›Los‹ des Willkürlich-bestohlen-Werdens würde so auf alle Abonnenten verteilt. Ich finde das aber nicht in Ordnung. Denn eigentlich bestehle ich doch die anderen genauso wie der Dieb mich, oder?«

ARLA L., MÜNCHEN

Ihre Nachbarn können von Glück reden, dass nicht bei Ihnen eingebrochen und der Fernseher gestohlen wurde. Sonst würde Ihr Freund vermutlich gerade bei einem anderen Hausbewohner die Wohnungstür eintreten und sich dessen Fernsehgerät holen. Wenn der dann genauso denkt, haben die Schreiner bald Hochkonjunktur in Ihrem Haus.

Man könnte es noch fortsetzen: Was passiert, falls unglücklicherweise Ihr Hund überfahren wird, die grässliche Töle von Meiers aus dem dritten Stock aber munter weiterkläfft? Und gar nicht auszudenken, sollte Ihr Freund sich beim Skifahren ein Bein brechen, der Nachbar aber weiterhin ein Liedchen pfeifend zwei Stufen auf einmal die Treppe hinauflaufen? Noch ahnt er nicht, dass am nächsten Absatz Ihr Freund mit seinen Krücken darauf wartet, Ferdinand Raimunds Hobellied zu erfüllen: »Da streiten sich die Leut herum / Oft um den Wert des Glücks, / Der eine heißt den andern dumm, / Am End weiß keiner nix. / Da ist der allerärmste Mann / Dem andern viel zu reich. / Das Schicksal setzt den Hobel an / Und hobelt s' beide gleich.«

Dies alles soll jedoch nur eines aufzeigen: Sie haben völlig recht. Ihr Freund bestiehlt ganz einfach die anderen ebenso wie Sie bestohlen wurden. Da helfen auch nicht die Erwägungen, die ein anderer Fragesteller zu diesem Thema anstellt, dass nämlich in manchen Häusern die Zeitungen als Stapel auf dem Boden liegen. Bei Ihnen ist es nicht so, und was im Briefkasten steckt, gehört nun mal dessen Eigentümer.

Und schließlich die ausgleichende Gerechtigkeit – oder besser: die Unbill austeilende Gerechtigkeit im aristotelischen Sinne: Auch wenn sich Ihr Freund darauf beruft, um sie scheint es ihm weniger zu gehen als vielmehr darum, selbst keinesfalls zu kurz zu kommen.

Das Hobellied entstammt Ferdinand Raimunds Stück Der Verschwender. *Als Leseausgabe erhältlich im Reclam Verlag.*

AUPAIR OHNE EHR

»Mein Aupairmädchen hat im Kaufhaus gestohlen und wurde zu zwei Monaten Gefängnis verurteilt. Weil sie sofort nach der Haft abgeschoben wird, bat sie mich per Brief, ihre Sachen aufzubewahren, bis ein Bekannter diese abholt. In ihrem Zimmer fand ich nun weiteres Diebesgut im Wert von 3000 Euro. Soll ich das der Polizei übergeben? Dann müsste sie vielleicht länger im Gefängnis bleiben, was sie meiner Ansicht nach nicht verdient – ihre Arbeit bei mir hat sie gut gemacht, und meine Kinder haben sie geliebt. Soll ich alles einem karitativen Zweck zukommen lassen? Oder tatsächlich ihrem Bekannten mitgeben?« JUTTA B., KÖLN

Sie sehen sich in einem moralischen Dilemma, weil Sie davor zurückschrecken, dem netten Mädchen, das nun im Gefängnis sitzt, noch weiteres Ungemach zu bereiten – schließlich wird es von Ihrer ganzen Familie geschätzt. Dieses Mitgefühl kann man nachvollziehen; zu einem Dilemma führt es nur deshalb, weil Sie schon ahnen, dass Ihnen nicht viel anderes übrig bleibt, als die Sachen der Polizei zu geben, zumal sie so am ehesten zu ihren Eigentümern zurückfinden werden.

Ich weiß nicht recht, wie ich es formulieren soll, ohne allzu moralinsauer zu klingen; aber bei aller Sympathie muss man sich eines klarmachen: Es geht hier nicht um Kavaliersdelikte oder eine Jugendliche, die mal eine Packung Kaugummi hat mitgehen lassen. Hier stehen umfangreiche Diebstähle von teuren Waren zur Rede. Das ist Unrecht. Und Sie werden überdies durch die Bitte mit hineingezogen: Wenn Sie die Sachen dem Bekannten übergeben, helfen Sie – ganz banal ausgedrückt – aktiv mit, Beute beiseitezuschaffen. Dabei machen Sie sich nicht nur sehr schnell selbst strafbar, ein solches Verhalten scheidet auch aus moralischer Sicht völlig aus.

Es bleibt also die Frage, ob die karitative Einrichtung eine Lösung wäre. Ich glaube: nein. Sie werden ohnehin niemanden finden, der die Sachen nimmt, wenn Sie sagen, woher sie stammen. Doch auch wenn Sie das verheimlichen, bleiben sie nun einmal gestohlen. Und die Idee, dass der gute Zweck die Dinge reinwäscht, hat schon Goethe mit dem Ausspruch eines Pfarrers in *Faust* karikiert: »So ist man recht gesinnt! / Wer überwindet, der gewinnt. / Die Kirche hat einen guten Magen, / Hat ganze Länder aufgefressen / Und doch noch nie sich übergessen; / Die Kirch allein, meine lieben Frauen, / Kann ungerechtes Gut verdauen.«

Die Faust-*Inszenierung von Gustav Gründgens am Hamburger Schauspielhaus aus dem Jahre 1957 setzt nach wie vor Maßstäbe; sie ist auf DVD erhältlich.*

GENAU AM BAU

»Als Architekt habe ich die an den Bauherrn gerichteten Handwerkerrechnungen zu prüfen. Nach gültiger Rechtsprechung hat der Architekt dabei nur Fehler zu Lasten seines Auftraggebers zu korrigieren, nicht aber solche zu Ungunsten der Handwerker. Über diese Regel setze ich mich stets hinweg und korrigiere alle Fehler, also auch solche, die für meine Bauherren vorteilhaft gewesen wären. Schädige ich durch diese Angewohnheit die Auftraggeber oder ist mein Handeln – moralisch gesehen – richtig?« MAX N., MAINZ

Ihr Verhalten, Rechnungen nicht nur für eine Seite günstig zu korrigieren, sondern Fehler neutral in beide Richtungen zu berichtigen, zeugt von hohen moralischen Ansprüchen. Es gereichte jedem Gutachter, jedem Schiedsrichter und auch jedem Richter zur Zier. Aber nicht nur in diesen Fällen ist so eine Haltung zu begrüßen: Genauso ist es im Alltag hochanständig, sein Gegenüber auch dann auf einen Irrtum aufmerksam zu machen, wenn die Richtigstellung zu eigenen Lasten geht. Sie sehen also: Was Sie getan haben, ist in vielen Situationen vorbildlich. Sogar in den allermeisten – nur nicht in Ihrer.

Im Gegenteil, ich halte Ihre langjährige Praxis für falsch. Und zwar nicht nur, weil die Gerichte, wie Sie schon in Ihrer Frage anmerken, das genauso sehen. Ich finde, dass es auch moralische Gründe gibt, die gegen Ihre Methode sprechen, wenngleich die rechtlichen Beziehungen zwischen Ihnen und Ihrem Auftraggeber durchaus einen Einfluss darauf haben. Entscheidend scheint mir nämlich zu sein, dass Sie eben nicht neutral auftreten, sondern durch Ihren Auftrag verpflichtet sind, die Interessen einer Seite, nämlich Ihres Bauherrn, wahrzunehmen. Sie haben nur zu ihm, nicht aber zu dem Handwerker, ein Vertrags- und damit auch ein Treueverhältnis. Der Handwerker mag Ihnen auch vertrauen, aber Sie sind eben – und das kommt durchaus auch in der Bezahlung zum Ausdruck – nicht wie ein Schiedsrichter beiden Seiten gleichermaßen verpflichtet. Das ist ein zusätzlicher Aspekt, der die Abwägung verändert.

Sie sollten Ihren Auftraggeber auf den Fehler hinweisen und ihm raten, die falsche, für ihn günstige Rechnung zu monieren. Aber die Entscheidung, was er tut und ob er moralisch handelt, muss bei ihm bleiben. Bei der Prüfung der Rechnungen nehmen Sie nämlich nicht Ihre eigenen Angelegenheiten wahr, sondern die Ihres Auftraggebers, und Sie haben kein Recht, seine ethischen Ansprüche zu bestimmen.

ÄRGER MIT DER EX

»Mein Sohn lebte sieben Jahre mit seiner Freundin zusammen, bevor sie sich von ihm trennte. Als er ein Jahr später tödlich verunglückte, stellte sich heraus, dass er übersehen hatte, die Begünstigung für sie in seiner Lebensversicherung zu widerrufen – obwohl er inzwischen eine neue Freundin hatte. Nun verlangt die Ex von uns Eltern die Police, die Todesurkunde und sogar ein Testament, obwohl sie meinen Sohn schändlich behandelt hat, wie aus seinem Tagebuch klar hervorgeht. Müssen wir ihr das alles geben?«

WOLFGANG M., KONSTANZ

Leider muss ich juristisch ausholen, aber Ihre Frage lässt sich davon nicht trennen. Das Problem, das Sie schildern, ist in der Rechtswissenschaft bekannt – und seine Lösung umstritten. Der rechtliche Teil ist schnell beantwortet: Sie lassen offen, ob Sie ein Testament von Ihrem Sohn haben; wenn ja, sind Sie gesetzlich verpflichtet, es beim Nachlassgericht abzuliefern. So Sie sich an die Gesetze halten, wird, wer das Erbe bekommt, also ohnehin ein Richter entscheiden. Und auch die Auszahlung der Lebensversicherung scheint mir in erster Linie ein rechtliches Problem zu sein. Allerdings bedeutet das nicht, dass wir hier am Ende sind, denn es bleibt die moralische Frage: Dürfen Sie, ließe man das Rechtliche einmal beiseite, vollendete Tatsachen schaffen, indem Sie die Papiere nicht herausrücken oder gar vernichten?

Es mag eine Versuchung sein, zumal es unterschiedliche rechtliche Auffassungen gibt und Sie nicht wissen, welcher das Gericht folgen wird. Außerdem hat sich die Freundin anscheinend nicht sehr nett verhalten. Allein, Ihre Überzeugung, dass sie das Geld nicht verdient, ist kein ethischer Persilschein für das Einbehalten der Dokumente. Das wäre vielmehr Selbstjustiz und somit keine vertretbare Alternative. Wie auch immer sollten Sie eine einvernehmliche Lösung suchen, selbst wenn das schmerzhaft sein mag. Und falls die nicht zu Stande kommt, muss der Konflikt rechtlich, nicht faktisch gelöst werden.

Außerdem gebe ich noch etwas zu bedenken: Was macht Sie eigentlich so sicher, dass Ihr Sohn »übersehen« hat, die Lebensversicherung zu ändern? Dass er seine Verflossene nicht bis zum Schluss geliebt hat und deshalb mit voller Absicht alles so ließ, wie es war? Vielleicht wäre das unvernünftig gewesen, aber danach fragt die Liebe nicht.

Zu diesem umstrittenen Thema gibt es eine Reihe von Urteilen und Aufsätzen. Eine Auswahl:

BGH Urteil vom 1.4.1987- IV a ZR 26/86; Neue Juristische Wochenschrift, Jahrgang 1987, S. 3131.

BGH Urteil vom 30.11.1994 – IV ZR 290/93; Neue Juristische Wochenschrift, Jahrgang 1995, Seite 1082.

BayObLG, Beschluß vom 6.9.1983 – BReg. 1 Z 53/83; Zeitschrift für das gesamte Familienrecht, Jahrgang 1983, Seite 1226.

Rüdiger Völkel, Bereicherungsanspruch gegen einen bezugsberechtigten Ehegatten aus einer Kapitallebensversicherung nach Scheidung und Tod des Versicherungsnehmers unter Berücksichtigung der Probleme des Widerrufs durch Testament und der Wirkung der §§ 12, 13 ALB 81, *Versicherungsrecht, Jahrgang 1992, Seite 539.*

Kapitel XI

Verhalten & Miteinander

AUF DIE UHR GESAUT

»Ich bin ein pünktlicher Mensch, leider im Gegensatz zu vielen meiner Freunde. Deswegen passiert es gar nicht so selten, dass ich zehn Minuten oder länger warten muss, bis sie am Treffpunkt erscheinen. Bin ich unter diesen Umständen moralisch dazu verpflichtet, selber rechtzeitig zu Verabredungen zu kommen, oder darf ich mich ebenfalls um einige Minuten verspäten?« MICHAEL M., MÜNCHEN

Die Pünktlichkeit leidet an chronischer Unterschätzung. Meist wird sie mit Höflichkeit und gutem Benehmen in einen Topf geworfen. Dies trifft es meines Erachtens jedoch nicht. Ständige Unpünktlichkeit ist nicht nur unhöflich. Es geht dabei auch nicht um Zwanghaftigkeit oder die Nicht-Einhaltung von Konventionen, sondern schlicht um Geringschätzung des Gegenübers.

Natürlich kann es mühsam sein, sich so einzurichten, dass man rechtzeitig kommt. Doch gerade darin liegt der wunde Punkt: Wer diese Mühe nicht auf sich nimmt, bewertet die eigene Zeit, die er sich einteilen und damit opfern müsste, höher als die des anderen. Wer nicht an genaue Termine gebunden ist, kann seine Zeit besser ausnutzen; wer stets auf die letzte Minute plant, setzt den Wert der eigenen Zeit in der Kalkulation höher an, jeweils auf Kosten anderer. Den

Zeitverlust der Wartenden mag er bedauern, er nimmt ihn jedoch, wie der Jurist sagen würde, billigend in Kauf. Er knapst sich von deren (endlicher) Lebenszeit ein Stück zugunsten der eigenen ab. Da Zeit etwas höchst Persönliches ist, liegt darin – hart ausgedrückt – ein Instrumentalisieren und damit eine Abwertung des anderen.

Müssen Sie nun in den geschilderten Fällen selbst pünktlich sein? Ich meine trotz allem: nein. Nicht um es den anderen »heimzuzahlen«, indem Sie sie nun umgekehrt warten lassen. Bei unverbesserlichen Zu-spät-Kommern ist das jedoch die effektivste Möglichkeit, die Gesamtwartezeit aller Beteiligten möglichst gering zu halten.

UNGELIEBTE GABEN

»Zu meinem vierzigsten Geburtstag habe ich von Verwandten, Freunden und mehr oder weniger Bekannten eine ganze Menge Geschenke bekommen. Darunter sind Sachen, die nicht so recht zu meinem Geschmack passen oder schlichtweg hässlich sind. Ich würde sie gern weiterschenken oder einem Wohltätigkeitsbasar spenden, habe aber ein schlechtes Gewissen, weil man das mit Geschenken ja eigentlich nicht tun darf. Was meinen Sie?« CAROLINE B., KONSTANZ

Vielleicht kennen Sie die Geschichte von den weißen Elefanten. Diese wurden in Thailand als heilig und segensbringend angesehen. Deshalb durften sie nicht arbeiten, der Besitzer musste spezielles Futter bereitstellen und dafür sorgen, dass alle sie besuchen und verehren konnten. Kurz, es war unglaublich teuer, ein solches Tier zu halten. Wenn der König von Siam sich über einen seiner Höflinge geärgert hatte, schenkte er ihm einen weißen Elefanten. Der Beschenkte musste sich höflich bedanken, war aber meist binnen kurzem ruiniert.

Ich glaube nicht, dass Ihre Geburtstagsgäste ähnliche Intentionen hatten. Auch wenn das Fassungsvermögen selbst der größten Schränke irgendwann erschöpft ist, ruinieren werden Sie Zinnteller, Kristallschalen und Trockenblumengestecke wohl kaum. Und heilig ist der ganze Plunder erst recht nicht. Dass man Geschenke nicht weitergeben darf, scheint mir mehr mit Brauch als mit ethischen Grundsätzen zu tun zu haben.

Sinn eines Geschenkes ist es, jemandem eine Freude zu machen. Dieser Sinn ist das eigentlich Entscheidende, nicht der Gegenstand. Ein Geschenk, das den Empfänger belastet, erfüllt diesen Zweck nicht. Eine Weitergabe kann ein derartiges Präsent nicht entwerten, denn die einzig mögliche »Entwertung« bestünde darin, die Freude beim Beschenkten zu schmälern, und die war in diesem Fall von Anfang an nicht da. Im Gegenteil, das Weitergeben ist hier doppelt sinnvoll: Sie sind entlastet und der neue Empfänger freut sich. Das ist zumindest zu hoffen, wenn Sie – was am besten auch schon Ihr Wohltäter hätte tun sollen – bei der Auswahl an den Empfänger denken, an dessen Geschmack und seine Vorlieben. Sonst steht die große florale Porzellanschale weiterhin unter demselben Motto, unter dem sie schon bei Ihnen gestanden hat: und dann und wann ein weißer Elefant.

NOTLÜGE OHNE NOT

»Manchmal verabrede ich mich mit einem Bekannten, zum Beispiel zum Sonntagsspaziergang. Gelegentlich passiert es mir, dass ich am Sonntag aufwache und feststelle: Eigentlich habe ich heute keine Lust. Nun die Gewissensfrage: Rufe ich an und erfinde irgendeine Ausrede, oder sage ich einfach ehrlich, wie es ist? Ich persönlich tendiere zur Wahrheit, weil ich es selbst nicht mag, wenn mir jemand etwas vorschwindelt. Nur habe ich gemerkt, dass nicht jeder die Wahrheit gut verträgt. Oder ist es schon unmöglich, überhaupt so kurzfristig abzusagen?« BEATE K., BERLIN

Toll ist das sicherlich nicht. Wahrscheinlich hat sich Ihr Bekannter auf den Spaziergang eingerichtet, womöglich eine andere Verabredung ausfallen lassen. Und auch er hat nur einen Sonntag in der Woche. Andererseits haben Sie weder eine verantwortungsvolle Aufgabe übernommen noch ein Gelübde abgelegt, sondern sich lediglich zum gemeinsamen Vergnügen verabredet. Wenn Sie das nun nicht mehr haben, ist der Sinn der Veranstaltung weggefallen. Stellen Sie sich vor, Ihrem Bekannten ginge es genauso: Wenn keiner etwas sagt, gehen zwei Leute, die beide nicht wollen, vermeintlich dem jeweils anderen zuliebe spazieren. Diese Groteske ist aber kein Freibrief dafür, Ihre Interessen und Launen zum allgemeinen Maß zu erheben. Deshalb sollten Sie die Zusage nur bei echter Unlust zurücknehmen.

Wenn Sie aber absagen, kann ich Ihre Tendenz zur Wahrheit – die ohnehin immer zu begrüßen ist – nur unterstützen. Für eine »Notlüge« müsste tatsächlich eine Not vorliegen, etwa weil Sie wissen, dass Ihr Bekannter gekränkt wäre oder gerade eine schlechte Zeit durchmacht (obwohl dann schon die Absage kritisch wäre). Eine Ausrede dient nur Ihrer Bequemlichkeit und – das ist entscheidend – verhindert, dass Sie sich selbst gegenüber aufrichtig sind. Ihre plötzliche Unlust zeigt aber auch etwas anderes: Besonders viel liegt Ihnen offenbar nicht an der Gesellschaft des Wandervogels. Das ist nicht weiter schlimm, solange Sie sich nichts vormachen. Aber das tun Sie wahrscheinlich, wenn Sie alles auf die Sonntagsfaulheit schieben. Mal ehrlich: Hätten Sie auch dann keine Lust, wenn Sie mit dem Typ aus Ihrem Stammcafé verabredet wären, der Ihnen schon lange gefällt?

WER JETZT KEIN HAUS HAT

»Gerade geht die langjährige Freundschaft zu einem Paar zu Ende. Es ist weder mir noch, so mein Eindruck, ihnen an einer Fortführung gelegen. Trifft man sich zufällig, sind die Gespräche eher bemüht, ein höflicher Nachrichtenaustausch. Ich neige dazu, endende Beziehungen einfach sterben zu lassen. Ich frage mich aber zunehmend, ob dies gut und sinnvoll ist oder ob ich einfach die Auseinandersetzung um das ›Schlussmachen‹ scheue. Nicht dass dies etwas am Status quo ändern würde, aber muss ich nicht aus moralischer Sicht das Ende der Freundschaft mit dem Paar besprechen?«

ANITA M., HAMBURG

Herr: es ist Zeit, denken Sie offenbar. Die Freundschaft war sehr groß. Soll sich doch der Schatten auf sie legen, sollen losgelassene Winde sie verwehen.

Auch wenn das Rilke-Gedicht ein wenig unter Zitierinflation leidet, es passt nicht nur zur Jahreszeit des sich neigenden Sommers, sondern allgemein auch zum Thema des Zu-Ende-Gehens. Sie können sich weiter fragen: Müssen Sie jetzt wachen, reden, lange Briefe schreiben? Meist ist es tatsächlich besser, im Zwischenmenschlichen offen zu sein und Dinge anzusprechen. Auch in Ihrem Fall gäbe eine Aussprache der Freundschaft noch einmal eine Chance. Vielleicht liegt nur ein Missverständnis vor, das sich ausräumen lässt, und sie lebt wieder auf.

Ein Gespräch kann auch moralisch geboten sein, wenn Sie bislang lügen, beispielsweise laufend Ausreden dafür benutzen, warum man sich nicht mehr sieht. Wenn dem so wäre, sollten Sie tatsächlich manches richtigstellen. Das wäre auch zu überlegen, wenn Ihr Gegenüber fälschlich meint, dass nur Zeitmangel oder Vergesslichkeit die Freundschaft in Mitleidenschaft ziehen, sie aber nicht am Ende wähnt.

Doch wenn sich ohnehin jeder seinen Reim auf den Herbsttag der Dreisamkeit macht, ist alles klar und in Ordnung. Dann scheint mir ein Ansprechen in erster Linie verletzend zu sein. Sie würden doch dem Paar nur noch einmal aufs Brot schmieren, was es schon weiß: dass es kein Haus der Freundschaft mehr hat, sich mit Ihnen keines mehr baut. Wozu? Eher zerstören Sie dabei die letzten Reste von etwas ehedem Schönem.

Es mag sein, dass Sie in den Alleen hin und her unruhig wandern, das Bedürfnis haben, ein klärendes Wort zu sprechen. Dort können Sie psychologische Blätter umtreiben, moralische sehe ich nicht.

Das Gedicht Herbsttag *findet sich zum Beispiel in: Rainer Maria Rilke,* Das Buch der Bilder, *Insel Taschenbuch, 2002. Unvergleichlich gelesen hat es der leider viel zu früh verstorbene Schauspieler Oskar Werner:* Oskar Werner spricht Rainer Maria Rilke, *Doppel-CD, BMG-Wort.*

TARZAN STEHT AN KASSE VIER

»Im Supermarkt sind nur wenige Kassen besetzt, deswegen bilden sich lange Schlangen. Schließlich kommt eine weitere Kassiererin. Nun stürzen sich oft die Kunden, die zuletzt gekommen sind, an die neu eröffnete Kasse, um dort die Ersten zu sein. Ich fühle mich als die Dumme, wenn ich sehe, dass Menschen, die hinter mir gewartet hatten … nun vor mir das Geschäft verlassen. Wie sehen Sie dieses kleine Problem?«

CAROLIN M., FÜRTH

Supermärkte haben einen Nachteil: Wenn man Zeit hat hinzugehen, haben alle anderen auch gerade Zeit. Und sich auf engstem Raum um Nahrung balgen zu müssen fördert archaische Verhaltensmuster zu Tage, die man längst überwunden wähnte. Wer die Kultur für einen dünnen Firnis hält, welcher das Beuteverhalten unserer Keulen schwingenden Vorfahren nur mühsam bedeckt, findet sich hier bestätigt.

Die Fähigkeit, eine herannahende Kassiererin bereits aus den Augenwinkeln zu erkennen, führt beim durchschnittlichen Wartenden zu nervösem Fußscharren; seinen Vorfahren war diese Anspannung sicherlich beim Finden und Erlegen großer Beutetiere von Nutzen. Der starre Blick, mit dem der Wettlauf einsetzt, sobald sich die erspähte Kassenkraft kurz vor dem Ziel befindet, galt früher dem gerade erlegten Tapir;

diese gesteigerte Aufmerksamkeit sollte sicherstellen, dass kein Säbelzahntiger ihn in letzter Sekunde davonschleppte. Und schließlich das kurze Augenaufblitzen in Richtung auf die Zurückgebliebenen, wenn die eigenen Waren als Erste das Band berühren – ganz offensichtlich kann nur schier übermenschliche Anstrengung das Bedürfnis unterdrücken, den Triumph mit einem Urschrei und lautem Brusttrommeln zu feiern.

Liebe Supermarktkunden, seit ein paar Millionen Generationen kreisen keine hungrigen Flugsaurier mehr über den Wartenden, man muss sich nicht möglichst schnell in Sicherheit bringen. Die portionierte und folienverpackte Beute reicht für alle. Der persönliche Vorteil ist nicht mehr überlebensentscheidend; das Prinzip »Survival of the Fastest« hat seine Berechtigung verloren. Auch nur halbwegs zivilisierte Menschen verständigen sich deshalb in so einer Situation kurz und lassen den vor, der am längsten wartet.

Empfehlenswert sind in diesem Zusammenhang einige Werke meines verehrten und geschätzten medizinischen Doktorvaters Ulrich Welsch:

Volker Storch, Ulrich Welsch und Michael Wink, Evolutionsbiologie, *Springer Verlag, 2007.*
Volker Storch und Ulrich Welsch, Kurzes Lehrbuch der Zoologie, *Spektrum Akademischer Verlag, 2005.*
Volker Storch und Ulrich Welsch, Systematische Zoologie, *Spektrum Akademischer Verlag, 2003.*

DIE RÜPEL VOM RANG

»Wir haben ein Abonnement der Staatsoper im 3. Rang, erste Reihe. Hier sieht man wunderbar – allerdings nur, wenn man sich nach vorn beugt. Unsere hinteren Sitznachbarn sind nun ungehalten, weil sie in ihrer Sicht eingeschränkt werden, und bitten eindringlich, dass wir zurückgelehnt sitzen, damit auch sie dem Bühnengeschehen folgen können. Für uns bedeutet dies jedoch, dass wir nicht besonders viel erkennen. Ich möchte dem Wunsch der hinteren Bänke eigentlich nicht folgen, denn schließlich kosten unsere Karten nochmals mehr als die der Nachbarn. Ist das rücksichtslos und egoistisch?«

KARL-HEINZ F., WOLFRATSHAUSEN

Sie wollen meine Meinung hören? Nun gut: Ich kenne die Situation und bin immer wieder fassungslos. Besucher in der ersten Rangreihe beugen sich nach vorn, stützen sich über lange Passagen gar auf der Balustrade auf und haben so beste Sichtverhältnisse. Dabei scheint es sie nicht zu stören, dass dieses Verhalten die Plätze dahinter praktisch zu Partiturplätzen degradiert. Diese sind aber nicht so ausgewiesen. Daran müsste man doch erkennen, dass die Platz-Architektur von Normalsitzern ausgeht. Ich habe mich immer gefragt, was sich diese Menschen dabei denken, und bislang lautete meine Antwort wie meist in solchen Situationen: »Nichts«;

sie handeln aus Fahrlässigkeit so rücksichtslos. Dass es aber in vollem Bewusstsein geschehen könnte – darauf war ich nicht gekommen.

Der höhere Preis? Egal, wie viel man zahlt, man erwirbt nie die Berechtigung, seinen eigenen Vorteil auf Kosten anderer zu maximieren. In der Oper, im Theater, im Kino sitzen mehrere Hundert Menschen auf engstem Raum zusammen, und alle wollen etwas sehen. Das erfordert Rücksichtnahme! Da gibt es zum Beispiel die »Theater-Turner«: Normalerweise richten sich alle so ein, dass jeder zwischen den Köpfen der Vorderreihe halbwegs hindurchsehen kann. Doch manche wollen in jeder Sekunde für sich das Beste herausholen und bewegen sich ständig hin und her. Die Reihe dahinter muss sich deshalb unentwegt neu arrangieren, darauf die nächste Reihe und so fort. Am Ende wogt dank eines »Turners« das halbe Publikum wie ein Kornfeld im Wind.

König Ludwig II. hat sich just im Münchner Opernhaus Privatvorstellungen geben lassen. Man kann ihn ja fast verstehen. Aber solange man es ihm nicht nachtut, muss man an die Hintermänner denken.

VERHALLENDE KLAGEN

»Oft lande ich mit Beschwerden in Callcentern, deren Beschäftigte weder etwas für mein Problem können noch irgendeine Entscheidungskompetenz haben. Bei der angebotenen ›Abhilfe‹ werde ich manchmal so wütend, dass ich diese Menschen regelrecht beschimpfe; die Verantwortlichen bekomme ich ja nicht zu fassen. Auch wenn ich nicht unter die Gürtellinie gehe und immer sage, dass meine Tiraden nicht persönlich gemeint sind – darf ich weiterhin auf diese Weise Dampf ablassen?« HOLGER F., HAMBURG

In der Bibel, im zweiten Buch Samuel, können Sie lesen, wie der spätere König David reagierte, als er vom Tod König Sauls in der Schlacht am Berg Gilboa erfuhr: Er ließ den Berichtenden kurzerhand von einem seiner Männer erschlagen. Die Überbringer schlechter Nachrichten zu töten war generell eine Zeit lang recht beliebt. Entsprechende Berichte finden sich in der griechischen Antike und auch der Aztekenherrscher Montezuma soll, als ihm das Nahen des Spaniers Cortez gemeldet wurde, die Hinrichtung der Boten angeordnet haben.

Insofern geht es den Callcenter-Agenten (so lautet, wie man mir erklärte, die offizielle Berufsbezeichnung) vergleichsweise gut, sie werden lediglich angepflaumt. Die Situation ist eine andere, das Prinzip aber das gleiche: Man schaut in der Wut, wer gerade erreicht werden kann, und erwürgt den. Ihr Beschimpfen ist sachlich betrachtet völlig sinnlos, trotzdem nur allzu verständlich, denn man kann das System als Unverschämtheit ansehen.

Jemanden für die eigenen Probleme »Zuständigen« oder den Verursacher erreichen zu wollen ist mehr als legitim. Wenn aber, wie Sie schreiben, die Agenten im Callcenter keine echten Kompetenzen haben, wird Ihnen Erreichbarkeit nur vorgegaukelt; in Wirklichkeit nimmt man Sie nicht ernst und lässt Sie Ihren Ärger einfach irgendwo abladen, vielleicht sogar in Übersee. Bei jemandem, der zwar im Grunde nichts damit zu tun, das aber freiwillig übernommen hat. So schottet sich das Unternehmen durch menschliche Puffer ab.

Wie also sich verhalten? Die Grenze haben Sie schon genannt: die Gürtellinie oder lieber ein bisschen darüber. Sie dürfen sich deutlich ausdrücken, falls Sie das Bedürfnis haben, aber niemand muss sich beleidigen lassen. Wenn Sie hingegen wirklich etwas bewirken wollen, schreiben Sie besser direkt an die Geschäftsleitung.

AM FALSCHEN ÖRTCHEN

»Häufig passiert es, dass ich in einer öffentlichen Einrichtung auf die Toilette gehen will und es ist besetzt. Daneben befindet sich manchmal ein WC-Raum für Behinderte. Ich gucke immer erst: weit und breit kein Behinderter, nur ich – und ich platze gleich. So springe ich rein und versuche, die Sache so schnell wie möglich zu erledigen. Ist das schlimm? Schließlich stehen die Behinderten-Klos meist leer, auf der Tür steht nicht ›Nur für Behinderte‹ und ich mache so etwas allein dann, wenn die Damentoilette gerade besetzt ist. Außerdem sind solche Toiletten meist viel sauberer als die anderen.«

DOROTHEA M., NÜRNBERG

Sicherlich gibt es Gründe, die dafür sprechen, als Nichtbehinderter ein Behinderten-WC aufzusuchen. Sie bringen sich dem Wartenden in kaum zu überbietender Intensität zu Bewusstsein. Jedoch kann ich Sie hier doppelt beruhigen: Harnblasen, die wegen »Verkneifens« platzen, sind in der Medizin nahezu unbekannt. Und sollte der Füllungsgrad Ihrer Blase einmal in wirklich bedrohliche Nähe dazu kommen, wären Sie ohnehin für fast jede erleichternde Maßnahme entschuldigt. In allen anderen Fällen aber müssen Sie überlegen, welche Gründe gegen Ihr Ansinnen sprechen könnten: rechtliche, moralische, praktische oder eine Mischung daraus.

Die rechtlichen sind nicht sehr ergiebig: Im Gegensatz zu Behindertenparkplätzen gibt es keine gesetzliche Regelung. Ein absolutes moralisches Verbot, Behinderteneinrichtungen mit zu benutzen, kann man sich kaum vorstellen. Was sollte beispielsweise verwerflich daran sein, sich an der Ampel nach den Tonsignalen für Blinde zu richten? Es muss also stets noch eine praktisch relevante Komponente hinzukommen, ein konkreter Nachteil für die geplanten Nutznießer. Dass jemand warten muss, schließen Sie aus. Aber Sie nennen selbst einen entscheidenden Aspekt: Dank geringerer Frequentierung sind die Räume meist sauberer. Und das ist wichtig. Behinderte haben weniger Möglichkeiten, Verunreinigungen auszuweichen; sie können – wie mir die Sprecherin eines Behindertenverbandes plastisch vor Augen führte – nicht notfalls im Stehen pinkeln. Deshalb sollten ihnen die Einrichtungen auch möglichst exklusiv bleiben. Vor diesem Hintergrund gebieten das – und damit sind wir wieder bei der Moral – Solidarität und Rücksicht.

JUBEL MACHT FEINDE

»Jeden Samstag sehen einige Freunde und ich auf Premiere die Bundesliga live. Natürlich jubeln wir bei jedem Tor unserer Mannschaft. Nun sind Nachbarn im Haus ebenfalls Fans unseres Teams, haben aber nicht Premiere. Aus dem Gejubel und dem Verhalten meiner Freunde nachher im Treppenhaus können sie problemlos auf Sieg oder Niederlage schließen. Deshalb kam es mehrfach zu Streit, weil die Nachbarn die Ergebnisse erst später in der ›Sportschau‹ erfahren wollen. Müssen wir uns auf Kosten des eigenen Spaßes still verhalten, oder dürfen wir hemmungslos genießen?«

MARTIN W., MÜNCHEN

Ihre Frage muss man in zwei Teile zerlegen: Gibt es eine Pflicht, auf die Nachbarn Rücksicht zu nehmen und, wenn ja, wie weit reicht diese Pflicht? Der englische Philosoph Bertrand Russell definiert in seinem Buch *Moral und Politik* »das Gute« *als* Wunschbefriedigung, in Ihrem Fall also als das hemmungslose Genießen der TV-Übertragung. Davon unterscheidet er aber das am Gemeinwohl orientierte »objektiv Rechte«, also das, was man tun soll. Wobei zunächst offen bleibt, ob man sich dabei an der engeren Gemeinschaft, Familie, Nation (oder dem Freundeskreis) zu orientieren hat oder an der allgemeinen Wohlfahrt. Weil sich für ihn keine vernünftige Begründung eines engeren Kreises finden lässt, kommt Russell zu dem Schluss, dass eine Handlung recht ist, »wenn sie auf die größtmögliche Wunschbefriedigung fühlender Wesen abzielt«. Damit besteht eine prinzipielle Pflicht zur Rücksichtnahme.

Es bleibt allerdings die nach Russell »moralische Streitfrage«, wie die entgegenstehenden Wünsche bestmöglich erfüllt werden können. Weder Ihr Wunsch noch der Ihrer Nachbarn nach Fußballspaß hat als solcher Vorrang und auch zahlenmäßig scheint es mir kein großer Unterschied zu sein, es amüsieren sich also nicht einige wenige auf Kosten vieler.

Praktisch bedeutet das, dass ein Kompromiss gefunden werden muss, der die Interessen aller Beteiligten berücksichtigt, ohne Einzelne allzu sehr zu benachteiligen. Deshalb denke ich, dass zwar niemand von Ihnen verlangen kann, schweigend vor dem leise gestellten Fernseher zu sitzen, wohl aber, nicht auch noch grölend an den Türen Ihrer Nachbarn vorbeizuziehen.

Bertrand Russell, Moral und Politik, *Fischer Taschenbuch Verlag, 1992.*

DER POLYESTER-TERRORIST

»Ohne übertrieben eitel zu sein, lege ich bei mir Wert auf ein gepflegtes Äußeres; bei anderen bin ich eher tolerant. Ein guter Freund überschreitet jedoch meine modische Toleranzgrenze: Ultraenge, knappe Glattleder-Mini-Shorts kombiniert er gern mit einem weinrot glänzenden Polyesterhemd oder einem eng anliegenden, schwarzen Nylon-T-Shirt. Mir ist dieses Auftreten peinlich, zumal es im Bekanntenkreis schon mehrfach für Irritation sorgte. Folglich habe ich ihn gebeten, dieses ›Porno-Outfit‹ nie mehr in meiner Gegenwart zu tragen. Seitdem trägt er die Sachen noch häufiger und bezeichnet mich als ›Fashion-Faschisten‹. Kann ich meinem Freund gegenüber eine Kleiderordnung aufstellen, oder muss ich seine Fehlgriffe um der Freundschaft willen tolerieren?«

OLIVER B., BERLIN

Um Ihr letztes Wort aufzugreifen: Es liegt nahe, den Aufhänger bei der Toleranz zu suchen. Sie hat nach den Worten des italienischen Philosophen Norberto Bobbio ihren Grund im Respekt vor dem anderen. Die Intoleranz dagegen rührt seiner Meinung nach daher, dass man sich im Besitz der Wahrheit wähnt.

Wie verhält es sich damit bei Ihnen? Wähnen Sie sich im Besitz der modischen Wahrheit? Glauben Sie im Gegensatz zu Ihrem Freund zu wissen, was schön ist und was nicht? Gründeten Sie Ihre Ablehnung darauf, würde ich nicht zögern, Sie der modischen Intoleranz zu zeihen, mich in den Chor der »Fashion-Faschist«-Rufer einzureihen. Ist doch der absolute Wahrheitsanspruch in Geschmacksfragen besonders anmaßend.

Sie haben den Konjunktiv bemerkt? Hier scheint es mir anders zu liegen. Mode beinhaltet neben allen ästhetischen Gesichtspunkten stets auch eine Aussage, in diesem Fall die der unverhohlenen Reizdarstellung, und diese Aussage müssen Sie nicht mittragen. Sie müssten nicht tolerieren, wenn ein Begleiter lauthals politische Parolen brüllt, denn mit deren Inhalt brächte man auch Sie in Verbindung; und genauso wenig müssen Sie qua Mode geäußerte Statements akzeptieren, wenn sie, wie hier, optisch gebrüllt werden. Das gilt übrigens nicht trotz, sondern wegen der guten Freundschaft: Je enger das Verhältnis, desto mehr wird das Verhalten eines Freundes auch Ihnen zugerechnet. Darüber ließe sich vielleicht streiten, doch es kommt eines hinzu: Wenn Ihr Freund sich nach Ihrem Einspruch absichtlich häufiger so kleidet, betrachtet er das Ganze offensichtlich als Spaß, vielleicht sogar als kleines Machtspiel. Und wer das Miteinander als Spielwiese sieht, erweist sich meines Erachtens nicht als besonders schutzwürdig.

Norberto Bobbio, Das Zeitalter der Menschenrechte. Ist Toleranz durchsetzbar?, *Wagenbach Verlag, 2002.*

Kapitel XII

Dies & das

DER EITLE EIERMANN

»Ich habe öfter zum Frühstück Gäste, die gern Frühstückseier essen, und zwar immer zwei Stück pro Person. In diesem Kreis habe ich im Laufe der Zeit den Ruf erworben, ein herausragender Eierkoch zu sein. Nun plagt mich folgende Gewissensfrage: Wenn von diesen im Regelfall vier gekochten Eiern zwei platzen und etwas auslaufen – muss ich als Gastgeber dann die geplatzten Eier an meinen Platz stellen und dem Gast die heilen geben?« MICHAEL S., ERDING

Am meisten interessiert mich, wie Sie zu dem Ruf gekommen sind, ein herausragender Eierkoch zu sein. Immerhin haben Sie eine Ausfallquote von fünfzig Prozent bei einer Aufgabe, die nicht zu den ganz großen Herausforderungen der Kochkunst gehört. Was muss jemand machen, um auf diesem Gebiet als durchschnittlich angesehen zu werden? Die Eier zwischen Kühlschrank und Herd fallen lassen? Na gut, streng genommen reicht es für den Titel »schlechter Eierkoch« schon, wenn das Ergebnis jedes Mal steinhart ist. Vielleicht beruht Ihr Ruf dann auf dem Punkt, auf den Sie die Eier immer genau je nach dem Wunsch Ihrer Gäste bringen. Sozusagen der springende Punkt, dessentwegen man gern über die geplatzte Schale hinwegsieht. Und Sie stehen dann vor dem Problem, die heilen Eier korrekt zuzuordnen.

Historisch sind als Kriterium bei dieser Aufgabe zum Beispiel erworbene Verdienste bekannt. König Ludwig dem Bayern wird nachgesagt, er habe am Abend der Schlacht von Ampfing und Mühldorf die Verteilung der viel zu raren Eier selbst übernommen und so seinen getreuen Feldhauptmann belohnt: »Jedem Mann ein Ei, dem frommen Schweppermann zwei.« Inwiefern aber der Aspekt der Belohnung bei Ihren Frühstücksbesuchen relevant ist, muss hier dahingestellt bleiben.

Ich persönlich würde immer mir selbst die geplatzten Eier hinstellen, allein aus Höflichkeit oder um meiner Aufgabe als guter Gastgeber gerecht zu werden. Gewissensmäßig brauchen Sie um diese Frage aber nicht so viel Getue zu machen. Sie kennen sicher das berühmte Gedicht von Heinrich Seidel *Das Huhn und der Karpfen,* in dem es heißt: »Wenn ich um jedes Ei / so krakelte / mirakelte / spektakelte / was gab's für ein Geschrei.« Also stellen Sie die Eier einfach irgendwie hin. Moralisch scheint mir das gehupft wie gesprungen.

Der gesamte Text des Gedichtes Das Huhn und der Karpfen *von Heinrich Seidel ist im Internet abrufbar, zum Beispiel unter: www. lyrikwelt. de/gedichte/seidelheinrichg1.htm*

KREUZGANG

»Zurzeit häufen sich die Aufrufe unserer Politiker, zur Wahl zu gehen. Auch in meinem Bekanntenkreis ist es allgemeine Meinung, man müsse das als Staatsbürger tun. Ich habe allerdings das Problem, dass mich weder die Wahl-Bewerber noch deren Politik überzeugen. Deshalb möchte ich keinem der Kandidaten meine Stimme geben und am Sonntag zu Hause bleiben. Ist das falsch?« MATHIAS K., RECKLINGHAUSEN

Die Beantwortung Ihrer Frage ist nicht unproblematisch. Sie bringt mich in Widerspruch zu den fast einstimmigen Bekundungen hoher Vertreter des Staates, ja, sie könnte sogar als staatszersetzend und demokratiegefährdend gegeißelt werden: Ich bin nämlich nicht der Meinung, dass es eine moralische Verpflichtung gibt, an der Wahl teilzunehmen.

Hier spielen verschiedene Überlegungen eine Rolle: Einige politologische Untersuchungen legen beispielsweise dar, dass die in Deutschland verbreitete Auffassung, es sei staatsbürgerliche Pflicht zu wählen, mehr von Obrigkeitsdenken und »preußischem« Pflichtbewusstsein zeugt als von politischer Mündigkeit. Staatstheoretiker überlegen, ob das Wahlrecht ein individuelles, damit der Disposition des Einzelnen unterliegendes Recht sei, oder aber eine öffentliche Funktion im Sinne einer Pflicht. Verfassungsrechtler streiten, ob eine

Wahlpflicht überhaupt mit der Wahlfreiheit zu vereinbaren wäre – viele bezweifeln dies, andere wieder nicht, solange man geheim ungültig wählen kann.

Ich denke, dass eine moralische Pflicht zu wählen sicher dann besteht, wenn es darum geht, einer gefährlichen politischen Strömung entgegenzuwirken. Hier muss jeder so viel tun, wie er kann, mindestens aber seine Stimme abgeben. Außerdem gibt es immer die moralische Verpflichtung, sich mit den politischen Weichenstellungen in unserem Land ernsthaft auseinanderzusetzen – schon allein deshalb, weil sich Politik sehr wohl auf jedermanns Leben auswirkt. Welche Konsequenzen man aber dann daraus zieht, ob man die eine oder andere Partei oder auch gar nicht wählt, ist Ausfluss der Wahlfreiheit und – falls nicht nur Ausrede für Faulheit – meines Erachtens wertneutral. Ich kann nicht erkennen, was besser daran sein soll, unreflektiert, vielleicht aus Gewohnheit, bei einer bestimmten Partei das Kreuz zu machen, als bewusst nicht zu wählen. Allerdings müssen Sie sich über eines klar sein: Für das Wahlergebnis tragen Sie auch als Nichtwähler Verantwortung.

Vertiefend zur Problematik:

Michael Eilfort, Die Nichtwähler. Wahlenthaltung als Form des Wahlverhaltens, *Ferdinand Schöningh Verlag, 1994.*

Prof. Alexander Vutkovich, Wahlpflicht, *autorisierte Übersetzung aus dem Ungarischen von Emil Kumlik, im Selbstverlag des Verfassers, 1906.*

SEHT, ER STEHT ZUM GEBET

»In letzter Zeit werde ich des Öfteren zu kirchlichen Hochzeiten eingeladen. Ich selbst gehe nie in die Kirche und bin auch nicht gläubig. Trotzdem respektiere ich natürlich die Entscheidung meiner Freunde, sich kirchlich trauen zu lassen, und möchte auch mit ihnen feiern. Ich halte es dann während des Gottesdiensts immer so, dass ich zu den Gebeten aufstehe, um die Gefühle der anderen nicht zu verletzen, aber selbst nicht bete. Dabei frage ich mich allerdings, ob es nicht ehrlicher wäre, einfach sitzen zu bleiben. Schließlich bedeutet mir das Gebet nichts. Ich muss ja nicht unbedingt in der ersten Reihe Platz nehmen.« ANDREAS R., OBERHAUSEN

Bei Ihrer Frage muss ich an den Direktor meiner alten Schule denken. Wenn man nicht gerade zu ihm zitiert worden war, weil man etwas ausgefressen hatte, erhob er sich immer zur Begrüßung, kam hinter dem Schreibtisch hervor und führte die Unterredung dann an seinem Besprechungstisch. Damals wurde mir nicht vollends klar, was hinter dieser Geste stand, aber immerhin muss ich es geahnt haben, sonst wäre sie mir nicht in Erinnerung geblieben: Es war eine Respektsbezeugung, seine Schüler nicht sitzend zu begrüßen, sondern ihretwegen aufzustehen. Eine Haltung übrigens, die man einem Pädagogen nicht hoch genug anrechnen kann.

Warum ich das erzähle? Weil darin der Schlüssel zu Ihrer Frage liegt. Es geht bei ihr in erster Linie um Respekt. Man könnte nun darüber nachsinnen oder gar streiten, ob Sie gehalten sind, für einen Gott aufzustehen, an den Sie gar nicht glauben. Ich finde, da spräche manches dafür; schließlich begeben Sie sich ja in ein Gotteshaus, suchen ihn damit sozusagen »zu Hause« auf. Und Sie tun das gerade wegen einer religiösen Zeremonie. Auf jeden Fall aber sollten Sie diesen Respekt dem Brautpaar zollen, mit dem Sie feiern wollen. Sich nicht zu erheben, wo die Liturgie das fordert, empfände ich als respektlos gegenüber der Zeremonie, für die sich die beiden entschieden haben. Denn dann zeigen Sie deutlich, dass Sie zwar anwesend sind, inhaltlich aber nicht teilnehmen wollen und damit – hart ausgedrückt – lediglich die Zeit absitzen. Sich entsprechend zu erheben ist somit umgekehrt ein Freundschafts-, kein Glaubensbekenntnis und deshalb auch nicht unehrlich. Und dass Sie gegen Ihre Überzeugung mitbeten, wird ohnehin niemand erwarten.

PACK VERTRÄGT SICH

»Ich bekomme häufig Päckchen. Da ich tagsüber nicht zu Hause bin, muss ich sie in der weit entfernten Hauptpost abholen, dort lang anstehen – das dauert insgesamt eine Stunde. Jetzt gibt es einen neuen Service der Post, bei dem man seine Pakete rund um die Uhr an einer Packstation abholen kann. Sehr praktisch, aber womöglich hat die Post damit einen Arbeitsplatz eingespart. Was soll ich tun? Weiterhin den Umweg zur Hauptpost machen und damit Jobs sichern oder die ›Packstation‹ nutzen?« SUSANNE T., MÜNCHEN

Noch besser wäre es natürlich, nicht mit dem Auto zur Hauptpost zu fahren, sondern sich mit der Sänfte dorthin tragen zu lassen, das schafft zwei zusätzliche Arbeitsplätze; wenn Sie stattdessen mit dem Taxi fahren, wenigstens einen.

Doch im Ernst: Zunächst verlagert die Packstation Arbeit auf den Kunden. Wenn die Post Ihr Päckchen nicht zu Ihnen nach Hause bringt, sondern Sie es sich abholen, übernehmen Sie einen Teil des Transportauftrags – wofür Ihnen eigentlich ein Rabatt zustünde. Derartige Aktionen sollte man stets kritisch hinterfragen: nicht dass Sie am Ende den Absender in einer Postfiliale zur Übergabe treffen und dafür Porto zahlen müssen. Und natürlich ist es gut, Arbeitsplätze zu erhalten. Aber unabhängig von denkbaren betriebswirtschaftlichen

Aspekten nur dort, wo aus dem Arbeitsplatz ein wie auch immer gearteter Nutzen entsteht.

Was ergeben diese Überlegungen hier? Die Idee, ein Paket stets in die Wohnung zu liefern, basiert auf der Annahme, dass es auch jemand entgegennehmen kann, und damit auf teilweise überholten Vorstellungen von der Art, wie die Leute ihre Zeit verbringen. Wenn bei Ihnen tagsüber niemand zu Hause ist, in Städten wie München mit über fünfzig Prozent Singlehaushalten übrigens der Regelfall, fährt der Paketzusteller die entsprechenden Sendungen lediglich durch die Gegend, bis sie am Abend wieder in der Auslieferungsstelle landen – und Sie am nächsten Tag dieselbe Tour in umgekehrter Richtung machen.

Solange die Packstationen nicht flächendeckend die Zustellung abschaffen sollen, dienen sie also weniger einer vielleicht fragwürdigen Rationalisierung, sondern stellen, speziell in Großstädten, eine vernünftige Anpassung an neue Lebensbedingungen dar. Wenn Sie Arbeitsplätze erhalten wollen, kaufen Sie lieber gute, handwerklich erzeugte Produkte oder nehmen Sie sinnvolle Dienstleistungen in Anspruch, die einen Gewinn für Ihr Leben abwerfen. Da haben Sie und die Beschäftigten mehr davon.

WAS? DAS FALSCHE NASS?

»Meine Großeltern haben sich von einer Pilgerfahrt ›heilendes Wunderwasser‹ mitgebracht und berichten, sie hätten bei Schmerzen dadurch Linderung erfahren. Doch nun geht das Wundermittel zur Neige. Wäre es aus Ihrer Sicht vertretbar, wenn ich den Großeltern einen Kanister Leitungswassers mitbringe, als ›heilendes Wunderwasser‹ deklariert, um ihnen die anstrengende Reise zu ersparen? Ich selber glaube an keine – über den Placebo-Effekt hinausgehende – Wirkung des Wassers. Meine Großeltern würden (aus meiner Sicht) keinen Unterschied zu ihrem ›echten Heilwasser‹ feststellen.«

DIETRICH T., PADERBORN

Alles scheint eine Frage der Sichtweise zu sein: Was ist der Zweck eines »heilenden Wunderwassers«? Doch sicherlich die Heilung und weniger das Wunder; das eine bleibt Mittel zum anderen. Und wenn die Heilung auch ohne Wunder erfolgt, umso besser. Man könnte sogar weiter gehen und fragen, was ein »heilendes Wunderwasser« überhaupt auszeichnet? Auch hier lautet die Antwort wieder: die Heilung, sofern sie unerklärlich mirakulös erfolgt. Untergeordnet dagegen die Herkunft. Zeigt Ihr Leitungswasser also derartige Wirkungen, ist es wohl nicht nur als »heilendes Wunderwasser« deklariert worden, sondern allein schon durch die Benennung, also gleichsam auf wundersame Weise zu einem solchen geworden. Das Ganze läuft nach dem Prinzip: Der Zweck heiligt das Wasser.

Nun fragen Sie: Ist dieses Vorhaben moralisch vertretbar? Ich antworte: Nein, Sie treiben damit ein böses Spiel. Und zwar in doppelter Hinsicht. Zum einen erheben Sie sich über Ihre Großeltern, wenn Sie meinen, die Wirkung des Wassers besser zu kennen, und diesen Vorsprung zu einer Täuschung benutzen. Das allein ist schon nicht schön. Denn Sie wollen Oma und Opa damit nicht nur manipulieren, sondern entmündigen sie sogar in gewisser Hinsicht. Und vor allem agieren Sie dabei auf einem besonders sensiblen Gebiet, nämlich dem des Glaubens. Dieser Umstand macht Ihre Idee meines Erachtens endgültig unvertretbar.

Es gibt doch auch keinen zwingenden Grund für Ihr Täuschungsmanöver. Ich werde sogar das Gefühl nicht los, dass es Ihnen mehr darum geht, recht zu haben, als Ihren Großeltern einen Gefallen zu tun. Läge es Ihnen an diesem allein, müssten Sie eben das Originalwasser besorgen.

NANU? SZ ZU FREIGIEBIG!

»Oft passiert es, dass man einen Antwortbrief zurückschicken will, auf dem steht: ›Bitte ausreichend frankieren, falls Marke zur Hand‹. Gerade war ich in diesem Gewissenskonflikt, als ich die ›Süddeutsche Zeitung‹-Bibliothek bestellte. Ich entschied mich für das Aufkleben einer Marke, habe jetzt ein reines Gewissen – und ärgere mich ein wenig, weil ich 55 Cent verschwendet habe. Warum können Ihre Kollegen nicht eine eindeutige Botschaft aufdrucken wie ›Bitte freimachen!‹ oder ›Lassen Sie die Briefmarke weg!‹ Jetzt, wo ich diese Zeilen tippe, steigt mein Ärger sogar noch an. Zu dumm, dass ich den Brief (mit Marke) schon eingeworfen habe.«

MARTIN U., MÜNCHEN

Diese Frage zu beantworten ist Ehrensache. Schließlich stehen Sie in einem Konflikt, den unsere Zeitung verursacht hat. Dabei sehen wir es doch als unsere Aufgabe an, Gewissensfragen zu beantworten, nicht sie hervorzurufen. Zudem fällt es in diesem Fall leicht, hausintern nachzufragen und die Intentionen zu klären. Allerdings muss man an dieser Stelle dann betonen, dass die Beantwortung trotzdem streng neutral erfolgt und frei von Pro-domo-Interessen ist.

Das Ergebnis der Nachforschungen ist klar: Ärgern Sie sich nicht, Sie haben sich richtig verhalten. Die Botschaft, die hinter »Bitte ausreichend frankieren, falls Briefmarke zur Hand« steckt, ist die, dass der Empfänger um Frankierung bittet, diese aber nicht rigoros fordern will. Grund dafür sind einerseits Kostenüberlegungen, welche dagegen sprechen, »Gebühr bezahlt Empfänger« zu schreiben; andererseits klingt die Wahlmöglichkeit wesentlich freundlicher und macht klar, dass das Abschicken nicht an einer fehlenden Marke scheitern sollte. Bei der SZ-Bibliothek machte bislang etwa die Hälfte aller Besteller von dieser Möglichkeit Gebrauch und sendete den Brief unfrankiert. Es gab aber eine Reihe von spontanen Zuschriften mit einem interessanten Tenor: Wenn man der Auffassung sei, schrieben die Absender, ein günstiges Angebot zu erhalten, müsse es selbstverständlich sein, nicht den letzten Cent herauszuholen und auch noch das Porto sparen zu wollen.

Unterm Strich bedeutet das aus meiner Sicht, dass Sie den Brief nicht frankieren müssen, aber eben gebeten worden sind. Und einer Bitte kommt man doch im Normalfall nach. Speziell wenn sie von jemandem so netten kommt wie der *Süddeutschen Zeitung*.

DAS RESTALKOHOL-PROBLEM

»Bei meiner Silvesterparty sind einige von Gästen mitgebrachte alkoholische Getränke übrig geblieben, die ich weder trinken noch anderswo mitbringen und deshalb ungeöffnet entsorgen wollte. Auf dem Weg zum Altglascontainer kam ich an zahlreichen Obdachlosen vorbei und fragte mich: Dürfte man ihnen mit einer Flasche Schnaps eine kleine Freude bereiten? Oder gebietet es die Verantwortung, diesen Leuten nicht auch noch umsonst das zu verschaffen, was bei vielen ja Kern des Problems ist, wohl wissend, dass sie sich den Alkohol dann auf andere Weise besorgen werden?«

PHILIPP S., MÜNCHEN

Das Bild hat etwas geradezu Perfides: Vor den Augen von Menschen, die kaum Geld haben, schmeißen Sie etwas weg, das jene Menschen gerne hätten. Ihr ungutes Gefühl dabei ist nachvollziehbar, ebenso aber auch die Sorge, durch Weitergabe des Alkohols Schaden anzurichten – auch wenn man sich davor hüten muss, Obdachlosigkeit mit Alkoholismus gleichzusetzen. Doch tritt beides leider häufig zusammen auf und Sie können sich von den Wohnungslosen in Ihrer Nachbarschaft schlecht aktuelle Leberwerte vorlegen lassen.

Diesen zwei Seelenregungen entsprechen zwei Pflichten, die aufeinanderprallen: das Gebot, anderen in Not vom eigenen Überfluss abzugeben, und das, keine Sucht zu fördern. Was überwiegt? Um hier weiterzukommen, muss man versuchen, die Ebenen einzeln zu betrachten: Am besten scheint mir das zu gelingen, wenn man sich die Frage stellt, ob es vorstellbar wäre, für einen mutmaßlich am Trinken Zerbrochenen im Laden eine Flasche Schnaps zu kaufen und sie ihm zu schenken? Wohl kaum. Für die Antwort ist aber nicht das Kaufen entscheidend, sondern die Verknüpfung von Alkohol und Krankheit. Deshalb kann sich an der Bewertung nichts ändern, wenn man, wie Sie, die Flasche geschenkt bekommen hat.

Sie mischen sich damit auch nicht in die Lebensführung anderer ein. Sie müssen Ihr Handeln verantworten, nicht mehr und nicht weniger. »Nicht mehr« meint, Sie brauchen nicht zu versuchen, andere zu erziehen. Das tun Sie hier aber auch nicht: Die Vernichtung des Alkohols zielt nicht darauf, das Trinkverhalten anderer zu verändern, sondern nur darauf, keinen persönlichen Beitrag dazu zu leisten. Diesen, Ihren eigenen Beitrag müssen Sie aber stets verantworten, das ist das »nicht weniger«. Es kann sich – zugegeben ein harter Vergleich – auch kein Dealer herausreden, an Stoff kämen die Süchtigen genauso ohne sein individuelles Zutun.

WER IST DER DUMME?

»Der Gutmensch Ihrer Kolumne fährt den Müll seiner Mitmenschen im Fahrradkorb spazieren und verzichtet in der Oper auf guten Ausblick, wenn es anderen nützt. Gedankt wird ihm das nicht: Wenn er selbst einmal hinten sitzt, wird ihm sein Vordermann trotzdem die Sicht verdecken. Darf man von einem Menschen Verzicht für andere verlangen, wenn er ihn selbst nicht erwarten kann? Ist nicht praktikabler, es seinen Mitmenschen gleichzutun, solange nicht alle moralisch sind? So wird ein Ausgleich geschaffen: Man kann jetzt seinen Müll auch bei anderen im Fahrradkorb entsorgen. Man leidet hinten in der Oper und profitiert das nächste Mal vorn. Dann ist der moralisch handelnde Mensch wenigstens nicht immer der Dumme.« NICOLAS B., MÜNCHEN

Von den äußeren Umständen her muss ich Ihnen fast recht geben. Es ist das alte Problem der Nichtleser: Immer wieder trifft man im Leben auf Menschen, die diese Kolumne nicht regelmäßig verfolgen und deshalb gewissenlos handeln. Häufig sind diese Menschen lediglich auf ihren eigenen Vorteil bedacht und unter dem Nichtleser leiden dann nicht nur wir als Magazin, sondern eben auch alle »Gutmenschen«.

Nun haben diese Leute im Nahkampf des Lebens tatsächlich einen gewissen Vorsprung: Sie nehmen sich das, was sie wollen, ohne aber umgekehrt das ihre beizutragen. Solange sich die anderen sozial verhalten, geht das auch gut. Nur muss man sich klarmachen, dass das eine Form von Parasitentum ist. Wer so handelt, profitiert vom richtigen Verhalten der anderen. Sie mögen sogar recht haben, dass auch ein gewisser Ausgleich geschaffen wird, wenn sich jeder so verhält. Nur landet man dann eben schnell wieder beim Kampf aller gegen alle und dem Überleben des Stärkeren. Diesen Zustand zu verhindern – dazu dient gerade die Moral. Deshalb steht vor jeder moralischen Überlegung die Grundsatzentscheidung, ein besseres Zusammenleben anzustreben. Wenn man diese einmal getroffen hat, zielen die Fragen – auch hier – nicht mehr nach dem effektivsten Verhalten, sondern nach dem guten. Gut ist es aber nur, wenn die Verallgemeinerung, also die Vorstellung, alle würden sich so verhalten, einen Vorteil für alle bringt.

Zu guter Letzt: Ich bin ohnehin nicht der Meinung, dass der moralisch handelnde Mensch immer der Dumme ist. Aber der Nichtleser ist nur vermeintlich im Vorteil. Schließlich entgeht ihm all das, was im *SZ-Magazin* steht.

PERSONEN- UND SACHREGISTER